北京大學中國語言學研究中心

国家出版基金项目
NATIONAL PUBLICATION FOUNDATION

早期北京話珍稀文獻集成
主編 劉雲

朝鮮日據時期漢語會話書匯編
分卷主編 [韓]朴在淵 [韓]金雅瑛

速修漢語自通

[韓]宋憲奭 編著
[韓]朴在淵 [韓]金雅瑛 校注

北京大學出版社
PEKING UNIVERSITY PRESS

圖書在版編目(CIP)數據

速修漢語自通 /(韓)宋憲奭編著;(韓)朴在淵,(韓)金雅瑛校注. —北京: 北京大學出版社, 2017.6
(早期北京話珍本典籍校釋與研究)
ISBN 978-7-301-28097-3

Ⅰ.①速… Ⅱ.①宋…②朴…③金… Ⅲ.①北京話-研究 Ⅳ.①H172.1

中國版本圖書館CIP數據核字(2017)第078726號

書　　　名	速修漢語自通 SUXIU HANYU ZITONG
著作責任者	[韓]宋憲奭　編著　　[韓]朴在淵　　[韓]金雅瑛　校注
責任編輯	歐慧英
韓文編輯	申明鈺
標準書號	ISBN 978-7-301-28097-3
出版發行	北京大學出版社
地　　址	北京市海淀區成府路205號　100871
網　　址	http://www.pup.cn　新浪微博:@北京大學出版社
電子信箱	zpup@pup.cn
電　　話	郵購部 62752015　發行部 62750672　編輯部 62752028
印刷者	北京虎彩文化傳播有限公司
經銷者	新華書店 720毫米×1020毫米　16開本　16印張　124千字 2017年6月第1版　2019年5月第2次印刷
定　　價	62.00元

未經許可，不得以任何方式複製或抄襲本書之部分或全部內容。
版權所有，侵權必究
舉報電話: 010-62752024　電子信箱: fd@pup.pku.edu.cn
圖書如有印裝質量問題，請與出版部聯繫，電話: 010-62756370

總　序

　　語言是文化的重要組成部分,也是文化的載體。語言中有歷史。

　　多元一體的中華文化,體現在我國豐富的民族文化和地域文化及其語言和方言之中。

　　北京是遼金元明清五代國都(遼時爲陪都),千餘年來,逐漸成爲中華民族所公認的政治中心。北方多個少數民族文化與漢文化在這裏碰撞、融合,產生出以漢文化爲主體的、帶有民族文化風味的特色文化。

　　現今的北京話是我國漢語方言和地域文化中極具特色的一支,它與遼金元明四代的北京話是否有直接繼承關係還不是十分清楚。但可以肯定的是,它與清代以來旗人語言文化與漢人語言文化的彼此交融有直接關係。再往前追溯,旗人與漢人語言文化的接觸與交融在入關前已經十分深刻。本叢書收集整理的這些語料直接反映了清代以來北京話、京味兒文化的發展變化。

　　早期北京話有獨特的歷史傳承和文化底蘊,於中華文化、歷史有特別的意義。

　　一者,這一時期的北京歷經滿漢雙語共存、雙語互協而新生出的漢語方言——北京話,它最終成爲我國民族共同語(普通話)的基礎方言。這一過程是中華多元一體文化自然形成的諸過程之一,對於了解形成中華文化多元一體關係的具體進程有重要的價值。

　　二者,清代以來,北京曾歷經數次重要的社會變動:清王朝的逐漸孱弱、八國聯軍的入侵、帝制覆滅和民國建立及其伴隨的滿漢關係變化、各路軍閥的來來往往、日本侵略者的占領等等。在這些不同的社會環境下,北京人的構成有無重要變化?北京話和京味兒文化是否有變化?進一步地,地域方言和文化與自身的傳承性或發展性有着什麽樣的關係?與社會變遷有着什麽樣的關係?清代以至民國時期早期北京話的語料爲研究語言文化自身傳承性與社會的關係提供了很好的素材。

了解歷史纔能更好地把握未來。中華人民共和國成立後，北京不僅是全國的政治中心，而且是全國的文化和科研中心，新的北京話和京味兒文化或正在形成。什麽是老北京京味兒文化的精華？如何傳承這些精華？爲把握新的地域文化形成的規律，爲傳承地域文化的精華，必須對過去的地域文化的特色及其形成過程進行細緻的研究和理性的分析。而近幾十年來，各種新的傳媒形式不斷涌現，外來西方文化和國内其他地域文化的衝擊越來越强烈，北京地區人口流動日趨頻繁，老北京人逐漸分散，老北京話已幾近消失。清代以來各個重要歷史時期早期北京話語料的保護整理和研究迫在眉睫。

　　"早期北京話珍本典籍校釋與研究（暨早期北京話文獻數字化工程）"是北京大學中國語言學研究中心研究成果，由"早期北京話珍稀文獻集成""早期北京話數據庫"和"早期北京話研究書系"三部分組成。"集成"收録從清中葉到民國末年反映早期北京話面貌的珍稀文獻并對内容加以整理，"數據庫"爲研究者分析語料提供便利，"研究書系"是在上述文獻和數據庫基礎上對早期北京話的集中研究，反映了當前相關研究的最新進展。

　　本叢書可以爲語言學、歷史學、社會學、民俗學、文化學等多方面的研究提供素材。

　　願本叢書的出版爲中華優秀文化的傳承做出貢獻！

王洪君　郭鋭　劉雲

二〇一六年十月

"早期北京話珍稀文獻集成"序

　　清民兩代是北京話走向成熟的關鍵階段。從漢語史的角度看，這是一個承前啓後的重要時期，而成熟後的北京話又開始爲當代漢民族共同語——普通話源源不斷地提供着養分。蔣紹愚先生對此有着深刻的認識："特別是清初到19世紀末這一段的漢語，雖然按分期來説是屬於現代漢語而不屬於近代漢語，但這一段的語言（語法，尤其是詞彙）和'五四'以後的語言（通常所説的'現代漢語'就是指'五四'以後的語言）還有若干不同，研究這一段語言對於研究近代漢語是如何發展到'五四'以後的語言是很有價值的。"（《近代漢語研究概要》，北京大學出版社，2005年）然而國内的早期北京話研究并不盡如人意，在重視程度和材料發掘力度上都要落後於日本同行。自1876年至1945年間，日本漢語教學的目的語轉向當時的北京話，因此留下了大批的北京話教材，這爲其早期北京話研究提供了材料支撐。作爲日本北京話研究的奠基者，太田辰夫先生非常重視新語料的發掘，很早就利用了《小額》《北京》等京味兒小説材料。這種治學理念得到了很好的傳承，之後，日本陸續影印出版了《中國語學資料叢刊》《中國語教本類集成》《清民語料》等資料匯編，給研究帶來了便利。

　　新材料的發掘是學術研究的源頭活水。陳寅恪《〈敦煌劫餘録〉序》有云："一時代之學術，必有其新材料與新問題。取用此材料，以研求問題，則爲此時代學術之新潮流。"我們的研究要想取得突破，必須打破材料桎梏。在具體思路上，一方面要拓展視野，關注"異族之故書"，深度利用好朝鮮、日本、泰西諸國作者所主導編纂的早期北京話教本；另一方面，更要利用本土優勢，在"吾國之舊籍"中深入挖掘，官話正音教本、滿漢合璧教本、京味兒小説、曲藝劇本等新類型語料大有文章可做。在明確了思路之後，我們從2004年開始了前期的準備工作，在北京大學中國語言學研究中心的大力支持下，早期北京話的挖掘整理工作於2007年正式啓動。本次推出的"早期北京話珍稀文獻集成"是階段性成果之一，總體設計上"取異族之故書與吾國之舊籍互相補正"，共分"日本北京話教科書匯編""朝鮮日據時期漢語會話書匯編""西人北京話教科書匯編""清代滿漢合璧文獻萃編""清代官話正音文獻""十全福""清末民初京味兒小說書系""清末民初京味兒時評書系"八個系列，臚列如下：

"日本北京話教科書匯編"於日本早期北京話會話書、綜合教科書、改編讀物和風俗紀聞讀物中精選出《燕京婦語》《四聲聯珠》《華語跬步》《官話指南》《改訂官話指南》《亞細亞言語集》《京華事略》《北京紀聞》《北京風土編》《北京風俗問答》《北京事情》《伊蘇普喻言》《搜奇新編》《今古奇觀》等二十餘部作品。這些教材是日本早期北京話教學活動的縮影，也是研究早期北京方言、民俗、史地問題的寶貴資料。本系列的編纂得到了日本學界的大力幫助。冰野善寬、內田慶市、太田齋、鱒澤彰夫諸先生在書影拍攝方面給予了諸多幫助。書中日語例言、日語小引的翻譯得到了竹越孝先生的悉心指導，在此深表謝忱。

"朝鮮日據時期漢語會話書匯編"由韓國著名漢學家朴在淵教授和金雅瑛博士校注，收入《改正增補漢語獨學》《修正獨習漢語指南》《高等官話華語精選》《官話華語教範》《速修漢語自通》《速修漢語大成》《無先生速修中國語自通》《官話標準：短期速修中國語自通》《中語大全》《"內鮮滿"最速成中國語自通》等十餘部日據時期（1910年至1945年）朝鮮教材。這批教材既是對《老乞大》《朴通事》的傳承，又深受日本早期北京話教學活動的影響。在中韓語言史、文化史研究中，日據時期是近現代過渡的重要時期，這些資料具有多方面的研究價值。

"西人北京話教科書匯編"收錄了《語言自邇集》《官話類編》等十餘部西人編纂教材。這些西方作者多受過語言學訓練，他們用印歐語的眼光考量漢語，解釋漢語語法現象，設計記音符號系統，對早期北京話語音、詞彙、語法面貌的描寫要比本土文獻更爲精準。感謝郭銳老師提供了《官話類編》《北京話語音讀本》和《漢語口語初級讀本》的底本，《尋津錄》、《語言自邇集》（第一版、第二版）、《漢英北京官話詞彙》、《華語入門》等底本由北京大學圖書館特藏部提供，謹致謝忱。《華英文義津逮》《言語聲片》爲筆者從海外購回,其中最爲珍貴的是老舍先生在倫敦東方學院執教期間,與英國學者共同編寫的教材——《言語聲片》。教材共分兩卷:第一卷爲英文卷,用英語講授漢語,用音標標注課文的讀音;第二卷爲漢字卷。《言語聲片》采用先用英語導入,再學習漢字的教學方法講授漢語口語,是世界上第一部有聲漢語教材。書中漢字均由老舍先生親筆書寫,全書由老舍先生錄音,共十六張唱片,京韵十足,殊爲珍貴。

上述三類"異族之故書"經江藍生、張衛東、汪維輝、張美蘭、李無未、王順洪、張西平、魯健驥、王澧華諸先生介紹,已經進入學界視野,對北京話研究和對外漢語教學史研究產生了很大的推動作用。我們希望將更多的域外經典北京話教本引入進來,考慮到日本卷和朝鮮卷中很多抄本字迹潦草,難以辨認,而刻本、印本中也存在着大量的異體字和俗字,重排點校注釋的出版形式更利於研究者利用,這也是前文"深度利用"的含義所在。

對"吾國之舊籍"挖掘整理的成果,則體現在下面五個系列中:

"清代滿漢合璧文獻萃編"收入《清文啓蒙》《清話問答四十條》《清文指要》《續編兼漢清文指要》《庸言知旨》《滿漢成語對待》《清文接字》《重刻清文虛字指南編》等十餘部經典滿漢合璧文獻。入關以後,在漢語這一強勢語言的影響下,熟習滿語的滿人越來越少,故雍正以降,出現了一批用當時的北京話注釋翻譯的滿語會話書和語法書。這批教科書的目的本是教授旗人學習滿語,却無意中成爲了早期北京話的珍貴記錄。"清代滿漢合璧文獻萃編"首次對這批文獻進行了大規模整理,不僅對北京話溯源和滿漢語言接觸研究具有重要意義,也將爲滿語研究和滿語教學創造極大便利。由於底本多爲善本古籍,研究者不易見到,在北京大學圖書館古籍部和日本神戸市外國語大學竹越孝教授的大力協助下,"萃編"將以重排點校加影印的形式出版。

"清代官話正音文獻"收入《正音撮要》(高静亭著)和《正音咀華》(莎彝尊著)兩種代表著作。雍正六年(1728),雍正諭令福建、廣東兩省推行官話,福建爲此還專門設立了正音書館。這一"正音"運動的直接影響就是以《正音撮要》和《正音咀華》爲代表的一批官話正音教材的問世。這些書的作者或爲旗人,或寓居京城多年,書中保留着大量北京話詞彙和口語材料,具有極高的研究價值。沈國威先生和侯興泉先生對底本搜集助力良多，特此致謝。

《十全福》是北京大學圖書館藏《程硯秋玉霜簃戲曲珍本》之一種，爲同治元年陳金雀抄本。陳曉博士發現該傳奇雖爲崑腔戲，念白却多爲京話，較爲罕見。

以上三個系列均爲古籍，且不乏善本，研究者不容易接觸到，因此我們提供了影印全文。

總體來說，由於言文不一，清代的本土北京話語料數量較少。而到了清末民初，風氣漸開，情況有了很大變化。彭翼仲、文實權、蔡友梅等一批北京愛國知識分子通過開辦白話報來"開啓民智""改良社會"。著名愛國報人彭翼仲在《京話日報》的發刊詞中這樣寫道："本報爲輸進文明、改良風俗，以開通社會多數人之智識爲宗旨。故通幅概用京話，以淺顯之筆，達樸實之理，紀緊要之事，務令雅俗共賞，婦稚咸宜。"在當時北京白話報刊的諸多欄目中，最受市民歡迎的當屬京味兒小說連載和《益世餘譚》之類的評論欄目，語言極爲地道。

"清末民初京味兒小說書系"首次對以蔡友梅、冷佛、徐劍膽、儒丐、勳銳爲代表的晚清民國京味兒作家群及作品進行系統挖掘和整理，從千餘部京味兒小說中萃取代表作家的代表作品，并加以點校注釋。該作家群活躍於清末民初，以報紙爲陣地，以小說爲工具，開展了一場轟轟烈烈的底層啓蒙運動，爲新文化運動的興起打下了一定的群衆基礎，他們的作品對老舍等京味兒小說大家的創作產生了積極影響。本系列的問世亦將爲文學史和思想史研究提供議題。于潤琦、方梅、陳清茹、雷曉彤諸先生爲本系列提供了部分底本或館藏綫索，首都圖書館歷史文獻閱覽室、天津圖書館、國家圖書館提供了極大便利，謹致謝意！

"清末民初京味兒時評書系"則收入《益世餘譚》和《益世餘墨》，均係著名京味兒小說家蔡友梅在民初報章上發表的專欄時評，由日本岐阜聖德學園大學劉一之教授、矢野賀子教授校注。

這一時期存世的報載北京話語料口語化程度高，且總量龐大，但發掘和整理却殊爲不易，稱得上"珍稀"二字。一方面，由於報載小說等欄目的流行，外地作者也加入了京味兒小説創作行列，五花八門的筆名背後還需考證作者是否爲京籍，以蔡友梅爲例，其真名爲蔡松齡，查明的筆名還有損、損公、退化、亦我、梅蒐、老梅、今睿等。另一方面，這些作者的作品多爲急就章，文字錯訛很多，并且鮮有單行本存世，老報紙殘損老化的情況日益嚴重，整理的難度可想而知。

上述八個系列在某種程度上填補了相關領域的空白。由於各個系列在内容、體例、出版年代和出版形式上都存在較大的差異，我們在整理時借鑒《朝鮮時代漢語教科書叢刊續編》《〈清文指要〉匯校與語言研究》等語言類古籍的整理體例，結合各個系列自身特點和讀者需求，靈活制定體例。"清末民初京味兒小説書系"和"清末民初京味兒時評書系"年代較近，讀者群體更爲廣泛，經過多方調研和反復討論，我們決定在整理時使用簡體横排的形式，儘可能同時滿足專業研究者和普通讀者的需求。"清代滿漢合璧文獻萃編""清代官話正音文獻"等系列整理時則采用繁體。"早期北京話珍稀文獻集成"總計六十餘册，總字數近千萬字，稱得上是工程浩大，由於我們能力有限，體例和校注中難免會有疏漏，加之受客觀條件所限，一些擬定的重要書目本次無法收入，還望讀者多多諒解。

"早期北京話珍稀文獻集成"可以説是中日韓三國學者通力合作的結晶，得到了方方面面的幫助，我們還要感謝陸儉明、馬真、蔣紹愚、江藍生、崔希亮、方梅、張美蘭、陳前瑞、趙日新、陳躍紅、徐大軍、張世方、李明、鄧如冰、王强、陳保新諸先生的大力支持，感謝北京大學圖書館的協助以及蕭群書記的熱心協調。"集成"的編纂隊伍以青年學者爲主，經驗不足，兩位叢書總主編傾注了大量心血。王洪君老師不僅在經費和資料上提供保障，還積極扶掖新進，"我們搭臺，你們年輕人唱戲"的話語令人倍感温暖和鼓舞。郭鋭老師在經費和人員上也予以了大力支持，不僅對體例制定、底本選定等具體工作進行了細緻指導，還無私地將自己發現的新材料和新課題與大家分享，令人欽佩。"集成"能夠順利出版還要特別感謝國家出版基金規劃管理辦公室的支持以及北京大學出版社王明舟社長、張鳳珠副總編的精心策劃，感謝漢語編輯部杜若明、鄧曉霞、張弘泓、宋立文等老師所付出的辛勞。需要感謝的師友還有很多，在此一併致以誠摯的謝意。

"上窮碧落下黃泉，動手動脚找東西"，我們不奢望引領"時代學術之新潮流"，惟願能給研究者帶來一些便利，免去一些奔波之苦，這也是我們向所有關心幫助過"早期北京話珍稀文獻集成"的人士致以的最誠摯的謝意。

劉　雲
二〇一五年六月二十三日
於對外經貿大學求索樓
二〇一六年四月十九日
改定於潤澤公館

整理説明

　　本叢書收錄的是20世紀前半葉韓國出版的漢語教材，反映了那個時期韓國漢語教學的基本情況。教材都是刻版印刷，質量略有參差，但總體上來說不錯。當然，錯誤難免，這也是此次整理所要解決的。

　　考慮到閱讀的方便，整理本不是原樣照錄（如果那樣，僅影印原本已足夠），而是將原本中用字不規範甚至錯誤之處加以訂正，作妥善的處理，方便讀者閱讀。

　　下面將整理情況作一簡要說明。

　　一、原本中錯字、漏字的處理。因刻寫者水平關係，錯字、漏字不少。整理時將正確的字用六角括號括起來置於錯字後面。如：

悠〔您〕、這〔道〕、辨〔辦〕、兩〔雨〕、郡〔都〕、早〔旱〕、刪〔剛〕、往〔住〕、玖〔玫〕、牧〔牡〕、湖〔胡〕、衣〔做〕、長〔漲〕、痩〔瘦〕、敞〔敝〕、泐〔沏〕、臊〔臜〕、掛〔褂〕、榻〔褐〕、紛〔粉〕、宁〔廳〕、蠍〔蠍〕、叹〔哎〕、林〔材〕、醮〔瞧〕、到〔倒〕、仙〔他〕、設〔說〕、悟〔誤〕、嗜〔瞎〕、顛〔顢〕、孃〔讓〕、斫〔砍〕、抗〔亢〕、摟〔樓〕、遛〔溜〕、藝〔囈〕、刃〔刀〕、歐〔毆〕、肯〔背〕、叔〔叙〕、坂〔坡〕、裹〔裏〕、炎〔災〕、正〔五〕、着〔看〕、呆〔茶〕、怜悧〔伶俐〕、邦〔那〕、尿〔屁〕、常〔當〕、師〔帥〕、撒〔撤〕、例〔倒〕、孽〔孳〕、昧〔眯〕

　　如果錯字具有系統性，即整部書全用該字形，整理本徑改。如：

"熱"誤作"熱"、"已"誤作"己"、"麼"誤作"麽"、"豐"誤作"豊"、"懂"誤作"憧/懂"、"聽"誤作"聼"、"緊"誤作"繁"

　　二、字跡漫漶或缺字處用尖括號在相應位置標出。如：

賞□〈罰〉、這□〈不〉是

　　三、異體字的處理。異體字的問題較爲複雜，它不僅反映了當時某一地域漢字使用的習慣，同時也可能提供別的信息，因此，對僅僅是寫法不同的異體

字,整理本徑改爲通行字體。如:

呌—叫	伱、儞—你	煑—煮
馱、駄—馱	帮—幫	冐—冒
恠—怪	寃—冤	徃—往
胷—胸	櫃—櫃	鴈—雁
決—决	牀—床	鏁—鎖
碰—碰	糚—裝	箇—個
鬧—鬧	鑛—礦	牆—墙
館—館	俻—備	喒、偺、㗊—咱
膓—腸	葯—藥	寶—寶
稟—稟	讃—讚	蓆—席
盃—杯	砲、礮—炮	姪—侄
窻—窗	躭—耽	欵—款
荅—答	糠—糠	踈—疏
聦—聰	賍—贓	搇—攬
餓—饉	撑—撐	躰—體
醎—鹹	坭—泥	窑—窯
滙—匯	朶—朵	擡—抬
煙—烟	賸—剩	骸—腿

以上字形,整理本取後一字。

對有不同用法的異體字,整理時加以保留。如:

疋—匹　　升—昇—陞

四、部分卷册目錄與正文不一致,整理本做了相應的處理,其中有標號舛誤之處因涉及全書的結構,整理本暫仍其舊。

凡 例

　本書는 支那語를 獨習ᄒᆞ도록 編成ᄒᆞᆫ 者니 其次序는 編首에 音讀法과 四聲平仄編을 列揭ᄒᆞ고 第一編에는 文句用法, 第二編에는 會話, 第三編에는 對話를 各一月分排로 三十課式 各項日用常言을 蒐集ᄒᆞ야 三三九(卽九十日)內에 速成通譯을 企圖케 ᄒᆞ고 編末에는 附錄名詞十部(卽十日) 分課를 列揭ᄒᆞ니 前後總合이 一百日이라. 因此 書名을 百日速修漢語自通이라 홈.

目 錄

支那音讀法 ………………… 1   支那音四聲平仄篇 ………… 3

第一編　用法部

第一課　數字 ………………… 1   第十七課　（做）字用法（ᄒᆞ다）… 9
第二課　九九法 ……………… 1   第十八課　要字用法（願意）……… 10
第三課　月日 ………………… 2   第十九課　若字用法（면의 意/거든
第四課　時令 ………………… 2   　　　　의 意） ……………………… 10
第五課　干支及方角 ………… 3   第二十課　叫字用法（被의 意
第六課　代名詞 ……………… 4   　　　　라） ……………………… 11
第七課　連話（動詞） ……… 4   第二十一課　（續）叫（使의
第八課　連語（動詞） ……… 5   　　　　意） ……………………… 11
第九課　現在、未來、過去 … 5   第二十二課　着字用法（면서/을/
第十課　否定助動詞 ………… 6   　　　　슬） ……………………… 12
第十一課　後詞（의）的[듸] … 6   第二十三課　別字用法（勿의 意）… 12
第十二課　後詞（는）（은）是[읙]… 7   第二十四課　（不可/不行）字用
第十三課　後詞（도）亦也 … 7   　　　　法 ………………………… 13
第十四課　後詞보다（比）… 8   第二十五課　感嘆辭 ……………… 13
第十五課　（打）字用法（브터）… 8   第二十六課　一數下에 用ᄒᆞ는 名詞
第十六課　（怎麼）字用法（웨 웃   　　　　句 ………………………… 14
　　　　지）……………………… 9   第二十七課　前課復習 …………… 15

第二編　會話部

第一課　早您納 ……………… 17   第六課　兄弟 ……………………… 20
第二課　借光 ………………… 17   第七課　昨天來 …………………… 21
第三課　人事 ………………… 18   第八課　前天 ……………………… 22
第四課　初面人事 …………… 19   第九課　衣食住 …………………… 22
第五課　多賞盛設 …………… 19   第十課　人身 ……………………… 23

第十一課 掉下來	24	第二十二課 醫病에 關훈 名詞	33
第十二課 論性、約訪	25	第二十三課 神佛에 關훈 名詞	34
第十三課 那麼個事	26	第二十四課 軍事上에 關훈 名詞	34
第十四課 氣球	26		
第十五課 革職	27	第二十五課 電報局	35
第十六課 天氣冷	28	第二十六課 游約	36
第十七課 萬歲爺	29	第二十七課 餞送	37
第十八課 定不了	29	第二十八課 語學	38
第十九課 獸、魚	30	第二十九課 官衙에 關훈 名詞	39
第二十課 不乏了	31	第三十課 郵便、銀行에 關훈 名詞	39
第二十一課 法律上에 關훈 名詞	32		

第三編 問答部

第一課 洋行去	41	第十六課 理髮所	50
第二課 今幾日	41	第十七課 送書信	50
第三課 没來信	42	第十八課 火輪船	51
第四課 學幾年	42	第十九課 借家	52
第五課 丟了麼	43	第二十課 久違相逢	53
第六課 看新報	43	第二十一課 （單語）人文	54
第七課 單語（天文）	44	第二十二課 開店後求番頭	55
第八課 不餓麼	45	第二十三課 回國	56
第九課 慈悲人	45	第二十四課 演說會	57
第十課 豪傑	46	第二十五課 視察著書	58
第十一課 有何可食	46	第二十六課 休暇〔假〕上山	59
第十二課 冤枉	47	第二十七課 買貨去	60
第十三課 新鮮的肉	47	第二十八課 身體部	61
第十四課 單語地文	48	第二十九課 作歌作詩	62
第十五課 問人兄弟之事情	49	第三十課 複習	62

附錄　名詞

傢伙部[자] …………………………65
衣裳部[이쌍부] ……………………67
飮食部[인싀부] ……………………67
菜穀部[엿싀부] ……………………68
走獸部[쮜엮부] ……………………68

飛禽部[예친부] ……………………69
魚介部[위제부] ……………………69
蟲子部[츙쯔부] ……………………70
草木部[쌴무부] ……………………70
金石部[진싀부] ……………………71

速修漢語自通（影印） ……………………………………………… 73

支那音讀法

(高)갺

此는 「가오」二音이 相合ᄒ야 成
ᄒ 者니 發音ᄒᆞᆯ 時에 「가」音은 完
全히 發ᄒ고 「오」音은 가音 下에
輕히 添入ᄒ야 讀흠이라. (가下
에 ㅗ字는 오의 ㅇ을 除去흠이니
卽 오音을 上가字에 附ᄒ야 速히
呼ᄒ라 ᄒ는 符號라.)

(鬧)냪

此는 「나오」二音이 相合ᄒ야 成
ᄒ 者니 發音ᄒᆞᆯ 時에 「나」音은 完
全히 發ᄒ고 「오」音은 나音 下에
輕히 添入ᄒ야 讀흠이라. (意義
及符號는 上項(高)字例와 相同
흠.) 以下는 倣此.

닪 DAo
랎 LAo
맚 MAo
밦 BAo
샎 SAo
앎 Ao
챦 CHAo
챲 TCHAo
캎 KAo
탎 TAo
팦 PAo

홖 HAo
솺 RAo
퐶 FAo

右와 如히 갺, 냪 等 字의 發音法을
一例ᄒ야 朝鮮文十四行에 皆通
ᄒ고 其外에 現今 普通文에 罕用
ᄒ는 (솺)(퐶)의 二行이 又有ᄒ
며 更히 强音되는 字(卽 까, 싸,
짜) 三行에도 同一ᄒ 例로 通ᄒ
느니라.

(注意) (솺)字는 ᄉᆞ字, 오字의 二字
合音이오. (퐶)字는 애字 오字의
二字合音이니 (ᄉᆞ)는 古者諺文
十五行中一로 在ᄒ든 者이나 中
間에 自然 不用케 되고 (애)는 近
者歐文發音을 譯讀코져 廣用ᄒ
는 者라. 然則 其發音은 (ᄉᆞ)는
(오라輕淸)RA의 音이오 (애)는
(흐파輕淸)FA의 音이라.

(九)쥮

此는 「지우」一[二]音이 相合ᄒ
야 成ᄒ 者니 發音ᄒᆞᆯ 時에 「가
[지]」音은 完全히 發ᄒ고,
「우」音은 지音 下에 輕히 添入
ᄒ야 讀흠이라. (지下에 ㅜ字는
우의 ㅇ을 除去흠이니 卽 우音을

上지字에 附ᄒᆞ야 速히 呼ᄒᆞ라 ᄒᆞ는 符號라.)

(求)취
此는 「치우」 二音이 相合ᄒᆞ야 成ᄒᆞᆫ 者니 讀法은 上項例와 同홈.

갸 KIoU
냐 NIoU
댜 DIoU
랴 LIoU
먀 MIoU
뱌 BIoU
샤 SIoU
야 IoU
쟈 ChIoU
챠 TChIoU
캬 QUIoU
탸 TIoU
퍄 PIoU
햐 HIoU
랴 RIoU
퍄 FIoU

右와 如히 發音ᄒᆞ나니라.
(注意) 「라」字와 「사」字의 音이 相近ᄒᆞ나 發音의 輕重이 有ᄒᆞ야 辨明ᄒᆞ기 易ᄒᆞ니 「라랴러려」 等 字는 音을 重强히 發ᄒᆞ야 「을나」의 合音과 如히 呼ᄒᆞ고 「사샤서셔」 等 字는 音을 輕短히 發ᄒᆞ야 「으라」의 促音과 如히 呼ᄒᆞᄂᆞ니라. (此二音을 分明히 發音치 못ᄒᆞ면 言語를 人이 憧得치 못홈.)

(穀)구
此는 「거우」 二字의 合音.
(走)주
此는 「저우」 二字의 合音.
(口)쿠
此는 「커우」 二字의 合音.
(後)후
此는 「허우」 二字의 合音.
(肉)수
此는 「서우」 二字의 合音.

朝鮮普通文과 相異ᄒᆞᆫ 字는 字下에 ㅗ, ㅜ 二字를 添付ᄒᆞ는 字쑨이오, 其餘는 皆原文과 相同히 發音홈.

支那音四聲平仄篇

支那音에는 同一한 音이나 字의 高低와 音의 强弱을 隨하야 上平, 下平, 上聲, 去聲 等의 四聲이 有하니, 上平이라함은 發音을 淸히 上하야 稍히 止함이오, 下平은 發音을 淸히 上하야 短히 止함이오, 上聲은 發音을 高히 擧하야 長히 止함이오, 去聲은 發音을 低히 擧하야 促히 止함이라.

左에 其 發音法 四百餘種을 列揭하노라.

	上平	下平	上聲	去聲
아	是阿	○	阿哥	阿甚麼
애	哀求	塵埃	高矮	愛惜
안	平安	○	俺們	河岸
앙	低昂	昂貴	○	○
와	熬菜	熬夜	綿襖	狂傲
자	渣滓	札文	一拃	乍見
차	叉手	茶酒	扠腰	樹杈
재	齋戒	住宅	寬窄	欠債
채	折〔拆〕毁	柴炭	冊子	○
잔	沾染	○	一盞燈	驛站
찬	攙雜	嘴饞	産業	懺悔
쟝	章程	○	生長	賑目
챵	娼妓	長短	木廠	歌唱
쟈	招呼	著急	察找	先兆
쨔	吵嚷	窩巢	煎炒	錢鈔
져	遮掩	摺奏	再者	這個
처	車馬	○	拉扯	裁撤
쎠	○	○	○	這塊兒
젼	眞假	○	枕頭	地震
쳔	嗔怪	君臣	砢磣	趁着
졍	正月	○	整齊	邪正
쳥	稱呼	成敗	懲辦	斗秤

續 表

	上平	下平	上聲	去聲
지	鷄犬	吉凶	自己	記載
치	七八	奇怪	初起	氣血
쟈	住家	夾帶	盔甲	價錢
챠	掐花	○	卡子	恰巧
	○	○	楷書	○
쟝	大江	○	講究	匠人
챵	腔調	墻壁	搶奪	餞木
쟌	交代	嚼過	手脚	叫喊
챤	敲打	橋梁	巧妙	俏皮
졔	街道	完結	解開	借貸
쳬	切肉	茄子	况且	姬妾
졘	奸臣	○	裁減	見面
쳰	千萬	錢財	深淺	該欠
지	知道	値班	指頭	志向
치	紅赤赤	遲誤	尺寸	翅膀
진	斤兩	○	錦繡	遠近
친	親戚	勤儉	寢食	狗呎
징	眼睛	○	井泉	安靜
칭	輕重	陰晴	請安	慶吊
쉬	○	角色	○	○
취	○	○	○	推却
주	究辨	○	酒肉	救護
추	春秋	央求	飯糗	○
쥰	○	○	窘迫	○
츈	○	貧窮	○	○
쉬	桌子	清濁	○	○
취	擢研	○	○	寬綽
쥬	圍周	車軸	臂肘	晝夜
추	抽查	綢緞	醜俊	香臭
쥐	居處	賭局	保擧	句段
취	冤屈	溝渠	取送	來去
쿈	捐納	○	舒捲	家眷
콴	圈點	齊全	犬吠	勸戒

續 表

	上平	下平	上聲	去聲
쥐	噘嘴	斷絕	蹶子	倔喪
췌	補缺	瘸腿	○	確然
쥔	君王	○	菌子	俊秀
췬	○	成群	○	○
쉬	○	爵位	○	○
주	猪羊	竹子	賓主	住處
추	出外	厨房	處分	住處
좌	抓破	○	鷄爪子	○
촤	欻一聲	○	○	○
좨	拽泥	○	鴨跩	拉拽
쵀	懷揣	○	揣摩	蹬踹
좐	專門	○	轉移	經傳
촨	穿戴	車船	痰喘	串通
좡	裝載	○	粗裝	壯健
촹	窗戶	床鋪	闖入	創始
쥐	追趕	○	○	廢墜
취	吹打	垂手	○	○
쥰	諄諄	○	准駁	○
츈	春夏	純厚	蠢笨	○
즁	中外	○	腫疼	輕重
츙	充當	蟲蟻	寵愛	鐵銃
어	太阿	額數	爾我	善惡
언	恩典	○	○	搵倒
헝	哼阿	○	○	○
얼	○	兒女	耳朵	二三
애	發遣	法子	頭髮	佛法
앤	翻騰	煩惱	反倒	吃飯
앙	方圓	房屋	訪查	放肆
애	是非	肥瘦	賊匪	使費
앤	分開	墳墓	脂粉	職分
앙	風雨	裁縫	○	供奉
왜	○	佛老	○	○
우	○	浮沉	然否	埠口

續表

	上平	下平	上聲	去聲
후	夫妻	扶持	斧鉞	父母
하	哈哈笑	蝦蟆	哈吧	哈什馬
해	咳聲	孩子	江海	利害
한	顢〔顢〕頇	寒冷	叫喊	滿漢
항	打哗〔夯〕	各行	○	項圈
핫	蒿草	絲毫	好不好	好喜
헤	黑白	○	黑豆	○
흔	○	傷痕	很好	恨怨
헝	哼哈	恒久	凶橫	○
훠	齁醎	公侯	牛吼	前後
후	忽然	茶壺	龍虎	户口
허	吃喝	江河	○	賀喜
화	花草	泥滑	話敗人	說話
해	○	懷想	○	損壞
환	歡喜	連環	鬆緩	更換
황	荒亂	青黃	撒謊	一晃兒
회	石灰	回去	後悔	賄賂
훈	昏暗	鬼魂	渾厚	混亂
훙	烘烤	紅綠	欺哄	煉汞
휘	劌口	死活	燒火	貨物
싀	東西	酒席	喜歡	粗細
샤	瞎子	雲霞	○	春夏
썅	香臭	詳細	思想	方向
쌴	消減	學徒	大小	談笑
쎼	些微	靴鞋	氣血	謝恩
쎈	先後	清閑	危險	限期
신	心性	尋東西	○	書信
싱	星宿	行爲	睡醒	姓名
샨	○	學問	○	○
슈	修理	○	糟朽	領袖
슝	兄弟	狗熊	○	○
쉬	必須	徐圖	應許	接續
쉔	喧嚷	懸挂	揀選	候選

續 表

	上平	下平	上聲	去聲
쉐	靴鞋	穴道	雨雪	鑽穴
쉰	熏蒸	巡察	○	營汛
이	衣裳	一個	尾巴	容易
산	○	然否	沾染	○
샹	嚷嚷	瓤子	嚷鬧	謙嚷〔讓〕
쇼	○	饒裕	圍繞	繞住
싀〔서〕	○	○	○	冷熱
신	○	人物	容忍	責任
성	扔棄	○	○	○
싀	○	○	○	日月
쉬	○	○	○	若論
쉭	揉的一聲	剛柔	○	骨肉
수	如貼	如若	強人	出入
솨	○	○	軟弱	○
쉬	○	○	花蕊	祥瑞
순	○	○	○	潤澤
승	○	榮才	氄毛	○
까	嘎嘎的笑	打嘎兒	嘎雜子	雞嘎嘎蛋兒
까	卡倫	○	○	○
지	該當	○	改變	大概
키	開門	○	慷慨	○
깐	甘苦	○	追趕	才幹
깐	看守	○	刀斫〔砍〕	看見
깡	剛纔	○	土崗子	抬杠
캉	康健	扛抬	不抗〔亢〕不卑的	火炕
깐	高低	○	稿案	告訴
꼬	尻骨	○	考察	依靠
게	○	○	放給	○
커	刻捜	○	○	○
끈	根本	間哏	○	艮卦
큰	○	○	肯不肯	一揹子
껑	更改	○	道埂子	更多
캉	坑坎	○	○	○

續　表

	上平	下平	上聲	去聲
게	哥哥	影格	各自各兒	幾個
커	可惜了兒	可否	飢渴	賓客
구	溝渠	小狗兒的	猪狗	足彀
쿼	摳破了	○	口舌	叩頭
구	料估	骨頭	古今	堅固
쿠	窟窿	○	甜苦	褲子
파 [과]	瓜果	○	多寡	口挂
콰	誇獎	○	侉子	跨馬
괘	乖張	○	拐騙	怪道
쾌	○	○	攉痒痒	快慢
관	官員	○	管理	習慣
콴	寬窄	○	款項	○
광	光明	○	廣大	游逛
쾅	誆騙	狂妄	○	況且
궤	規矩	○	詭詐	富貴
퀘	虧欠	揆守	傀儡	慚愧
군	○	○	翻滾	棍子棒子
쿤	坤道	○	閫閾	乏困
궁	工夫	○	金礦	通共
쿵	空虛	○	面孔	間空
궈	飯鍋	國家	結果	過去
쿼	○	○	○	寬闊
라	拉扯	邋遢	蝲蝲蛄	蠟燭
래	○	來去	○	倚賴
란	藍□〈蘭〉	貪婪	懶惰	燦爛
랑	檳榔	狼虎	光朗	波浪
롼	打撈	勞苦	老幼	旱澇
뤄	勒索	○	○	歡樂
레	累死	雷電	累次	族類
렁	○	棱角	冷熱	發愣
리	玻璃	分離	禮貌	站立
랴	○	○	倆三	○
량	商量	凉熱	斤兩	原諒

續 表

	上平	下平	上聲	去聲
랴오	○	無聊	了斷	料理
레	罷咧	瞎咧咧	咧嘴	擺列
렌	接連	憐恤	臉面	練習
린	○	樹林子	房檁	租賃
링	○	零碎	領袖	另外
뤄 〔롸〕	○	○	○	謀略
루	一遛〔溜〕兒	收留	楊柳	五六
뤄	擼起袖子	騾馬	裸身	駱駝
루	樓〔摟〕衣裳	摟〔樓〕房	酒簍	鄙陋
뤼	○	驢馬	屢次	律例
렌	○	○	○	依戀
뤄 〔뤠〕	○	○	○	忽略
룬	混掄	人倫	渾圇著	講論
뤄	○	○	○	大略
루	嘟嚕	爐灶	船櫓	道路
롼	○	○	○	雜亂
룬	○	車輪	圇圇	沒論
룽	窟窿	龍虎榜	瓦隴	胡弄
마	爹媽	麻木	馬鞍	打罵
미	○	葬埋	收買	發賣
만	顢〔顢〕頇	隱瞞	豐滿	快慢
망	白茫茫	急忙	鹵莽	○
먀오	猫狗	羽毛	卯刻	相貌
메	○	煤炭	美貌	愚昧
먼	押摸	門扇	○	憂悶
멍	懵懂	結盟	勇猛	睡夢
메	眯睦眼〔眯縫眼〕	迷惑	米糧	機密
먀오	喵喵的猫叫	禾苗	藐小	廟宇
몌	咩咩的羊叫	○	○	滅火
몐	○	綿花	勉力	臉面
민	○	民人	憐憫	○
밍	○	姓名	○	性命
무	○	○	○	謬妄

續　表

	上平	下平	上聲	去聲
머	揣摩	甚麼	塗抹	始末
무	○	圖謀	某人	○
무	○	模樣	父母	草木
나	在這兒那	拿賊	那個	那裏
내	○	○	牛奶	耐時
난	喃喃藝〔囈〕語	男婦	○	炎〔災〕難
낭	嘟囔	囊袋	攮了一刀子	齉鼻子
낟	撓着	鐃鈸	煩惱	熱鬧
내	○	○	○	內外
눈	○	○	○	老嫩
넝	○	才能	○	○
늬	○	泥土	擬議	藏匿
낭	○	婆娘	○	醞釀
냩	嚎嚎的猫叫	○	鳥獸	屎尿
네	捏弄	呆〔杲〕獃	○	罪孽〔孼〕
넨	拈花	年月	捻匪	念誦
닝	○	安寧〔甯〕	擰〔擩〕壞	佞口
뉘	○	○	○	暴虐
뉴	妞兒	牛馬	鈕扣	拗不過來
너	○	挪移	○	懦弱
누	○	○	○	耕耨
뉘	○	○	男女	○
누	○	奴僕	努力	喜怒
난	○	○	暖和	○
눈	○	○	○	老嫩
능	○	濃淡	○	擺弄
어	哦一聲	訛錯	○	善惡
위〔워〕	毆打	○	偶然	嘔〔慪〕氣
깨	八九	提拔	把持	罷了
파	琵琶	扒桿兒	○	恐怕
배	擗〔掰〕開	黑白	千百	拜客
패	拍打	木牌	一屁股狐〔蹍〕下	分派
반	輪班	○	板片	整半

續 表

	上平	下平	上聲	去聲
판	高攀	盤查	○	盼望
방	幫助	○	捆綁	毀謗
팡	胖腫	旁邊	吹嗙	胖瘦
바	包裹	厚薄	保護	懷抱
파	拋棄	袍褂	跑脱	槍炮
베	背負	○	南北	向背
페	披衣	陪伴	○	配偶
번	奔忙	○	根本	投奔
푼	噴水	盆礶〔罐〕	○	噴香
벙	綳鼓	○	○	迸跳
펑	割烹	朋友	手捧	碰破
삐	逼迫	口鼻	筆墨	務必
피	批評	皮毛	鄙俚	屁股
뱌	標文書	○	表裏	鰾膠
퍄	漂没	嫖賭	漂布	錢票子
볘	憋悶	分別	彆嘴	彆拗
폐	撆開	○	撇了	○
볜	邊沿	○	圓扁	方便
폔	偏正	便宜	諞拉	片段
빈	賓主	○	○	殯葬
핀	□〈拼〉命	貧窮	品級	牝牡
빙	兵丁	○	禀报	疾病
핑	砰磅	憑據	○	聘嫁
버	水波	准駁	播米	簸〔簸〕箕
퍼	土坡	婆娘	笸籮	破碎
부	掊剋	○	剖開	○
부	我不	不是	補缺	不可
푸	鋪蓋	葡萄	普遍	鋪子
싸	撒手	一眼瞥著	洒掃	○
새	腮煩	○	○	賭賽
싼	三四	○	傘蓋	散放
쌍	桑梓	○	嗓子	喪氣
산	騷擾	○	掃地	掃興

續　表

	上平	下平	上聲	去聲
쎄	嘶嘶的叫狗〔狗叫〕	○	○	吝嗇
슨	森嚴	○	○	○
셩	僧道	○	○	○
쒀	調唆	○	銷〔鎖〕上	追溯
숴	搜察	○	老叟	咳嗽
쑤	蘇州	迅速	○	平素
쏸	酸的鹹的	○	○	筭計
쉐	雖然	跟隨	骨髓	零碎
쑨	子孫	○	損益	○
쑹	松樹	○	毛骨竦然	迎送
싸	殺死	○	癡傻	拿剪子挲一點
씨	篩子	○	顏色	曬乾
샨	山川	○	當閃	善惡
샹	商量	晌午	賞□〈罰〉	上下
쌰	火燒	力杓	多少	老少
써	賒欠	唇舌	棄捨	射箭
썬	身體	神仙	審問	謹慎
셩	生長	繩子	□〈節〉省	剩下
싀	失落	九十	使喚	事情
쑤	收拾	生熟	手足	禽獸
쑤	詩書	贖罪	數錢	數目
솨	刷洗	○	耍笑	○
쇄	衰敗	○	摔東西	草率
솬	拴捆	○	○	涮○
쐉	成雙	○	爽快	雙生
쉬	○	誰人	山水	睡覺
쉰	○	○	○	順當
쉬	説話	○	○	朔望
쓰	絲綫	○	死生	四五
짜	答應	搭救	歇〔毆〕打	大小
타	他人	○	佛塔	床榻
대	獃呆〔茶〕	○	好歹	交代
태	孕胎	扛抬	○	太甚

續　表

	上平	下平	上聲	去聲
단	單雙	○	膽子大	鷄蛋
탄	貪贓	談論	平坦	柴炭
당	應當	○	擋住	典當
탕	喝湯	白糖	躺臥	燙子
단	刃〔刀〕槍	擣綫	顛倒	道理
탄	叨恩	逃跑	討要	罷套
더	話叨叨	得失	○	○
테	忐忑	○	○	特意
데	小鑼兒鏑鏑聲兒	○	必得	○
덩	燈燭	○	等候	馬鎧〔鐙〕
텅	鼕鼕的鼓聲兒	疼痛	○	板撬〔凳〕
듸	我的	仇敵	到底	天地
틔	樓梯	提拔	體量	替工
탸	貂皮	○	○	吊死
탸	挑選	條陳	挑着	跳躍
데	爹娘	重叠	○	○
테	體貼	○	銅鐵	牙帖
덴	搷〔掂〕量	○	圈點	客店
텐	天地	莊田	拿舌頭餂	捵筆
딍	釘子	○	頂戴	定規
팅	聽見	停止	樹梃	聽其自然
두	丢失	○	呀唗	○
뒤	多少	搶奪	花朵兒	懶惰
퉈	託情	駱駝	當妥	唾沫
무	兜底子	○	升斗	緑豆
투	偷盗	頭臉	○	透澈
두	督撫	毒害	賭博	嫉妒
투	禿子	塗抹	塵土	唾沫
돤	端正	○	長短	斷絶
퇀	○	團圓	○	○
뒈	堆積	○	○	對面
퉤	推諉	○	腿快	進退
둔	敦厚	○	打盹兒	遲鈍

續　表

	上平	下平	上聲	去聲
툰	吞吞吐吐	屯田	○	褪手
둥	冬夏	○	懂得	動靜
퉁	通達	會同	統帥	疼痛
자	腌臢	雜亂	咱的	○
차	擦抹	○	○	○
재	栽種	○	宰殺	在家
채	猜想	才幹	雲彩	菜蔬
잔	簪子	咱們	攢錢	參贊
찬	參考	慚愧	悽慘	儳頭
장	貪贓	咱們	○	葬埋
창	倉庫	瞞藏	○	○
좌	周遭	穿鑿	來得早	造化
차	操練	馬槽	草木	○
쎄	○	則例	○	○
체	○	○	○	策
제	○	賊匪	○	○
즌	○	○	怎麼	○
츤	參差	○	○	○
정	增減	○	怎麼	饋贈
청	蹭一聲	層次	○	蹭蹬
줘	作房	昨日	左右	作爲
춰	揉搓	矬子	○	錯尖
적	○	○	行走	奏事
척	○	○	○	湊合
주	租賃	手足	祖宗	○
추	粗細	○	○	吃醋
잔	鑽幹	○	纂修	攥住
찬	馬驂	攢湊	○	逃竄
줴	一堆	○	嘴唇	犯罪
췌	催逼	隨他去	○	萃集
준	尊重	○	撙節	○
춘	村莊	存亡	忖量	尺寸
중	大宗	○	總名	縱容

續 表

	上平	下平	上聲	去聲
충	葱蒜	依從	○	○
즈	資格	○	子孫	寫字
츠	齜著牙兒笑	磁器	彼此	次序
와	刨挖	娃娃	磚瓦	鞋襪
왜	歪正	○	舀水	内外
완	水灣兒	完全	早晚	千萬
왕	汪洋	王公	來往	忘記
위	微弱	行爲	委員	爵位
운	温和	文武	安穩	問答
웅	老翁	○	○	水瓮
워	窩巢	○	你我	坐卧
우	房屋	有無	文武	萬物
야	丫頭	牙齒	文雅	壓倒
애	○	天涯	○	○
양	央求	牛羊	養活	各樣
얖	腰腿	遥遠	咬一口	討要
예	噎住	老爺	野地	半夜
옌	吃烟	言語	眼睛	河沿兒
이	作揖	益處	○	易經
인	聲音	金銀	句引	用印
잉	應該	迎接	沒影兒	報應
워	約會	○	○	音樂
위	愚濁	魚蝦	風雨	預備
웬	冤屈	原來	遠近	願意
웨	子曰	乾嚥	○	年月
윈	頭暈	雲彩	應允	氣運
우	憂愁	香油	有無	左右
융	平庸	容易	永遠〔遠〕	使用

以上例는 總支那音四聲의 一覽表니 個中 ○을 入혼者는 其音이 無홈을 標홈이오. 上下로 小字一或二를 記入혼者는 其字에 當혼 文字를 表示홈이라. 讀者는 時時參考홀지어다.

第一編　用法部

第一課　數字

一[이] 하나　　　九[쥬] 아홉
二[얼] 둘　　　　十[시] 열
三[싼] 셋　　　　百[비] 빅
四[쓰] 넷　　　　千[첸] 쳔
五[우] 다섯　　　萬[완] 만
六[류] 여섯　　　億[이] 억
七[치] 일곱　　　兆[쟈] 조
八[쌔] 여듧

複習

十一、十二、十三、十四、十五、十六、十七、十八、十九、二十、三十、四十、五十、六十、七十、八十、九十、一百、五百、一千、三千、九千、四萬、七萬、六億、三兆

第二課　九九法

九九八十一[쥬쥬쌔시이]　　六八四十八[류쌔쓰시쌔]
八九七十二[쌔쥬치시얼]　　五八四十[우쌔쓰시]
七九六十三[치쥬류시싼]　　四八三十二[쓰쌔싼시얼]
六九五十四[류쥬우시쓰]　　三八二十四[싼쌔얼시쓰]
五九四十五[우쥬쓰시우]　　二八十六[얼쌔시류]
四九三十六[쓰쥬산시류]　　七七四十九[치치쓰시쥬]
三九二十七[산쥬얼시치]　　六七四十二[류치쓰시얼]
二九十八[얼쥬시쌔]　　　　五七三十五[우치싼시우]
八八六十四[쌔쌔류시쓰]　　四七二十八[쓰치얼시쌔]
七八五十六[치쌘우시류]　　三七二十一[싼치얼시이]

二七十四[얼치시쓰] 三五十五[싼우시우]
六六三十六[루루싼시루] 二五十[얼우시]
五六三十[우루싼시] 四四十六[쓰쓰시루]
四六二十四[쓰루얼시쓰] 三四十二[싼쓰시얼]
三六十八[싼루시섇] 二四八[얼쓰섇]
二六十二[얼루시얼] 三三九[싼싼쥐]
五五二十五[우우얼시우] 二三六[얼싼루]
四五二十[쓰우얼시] 二二四[얼얼쓰]

第三課 月日

一月[이웨] 일월 初三[추싼] 초스흘
正月[셩웨] 일월 初四[추쓰] 초나흘
二月[얼웨] 이월 初五[추우] 초닷쇠
三月[싼웨] 삼월 初六[추루] 초엿쇠
四月[쓰웨] 스월 初七[추치] 초일헤
五月[우웨] 오월 初八[추삇] 초여드레
六月[루웨] 류월 初九[추쥐] 초아흐레
七月[치웨] 칠월 初十[추시] 초열흘
八月[섇웨] 팔월 十五日[시우이] 십오 일
九月[쥐웨] 구월 二十日[얼시이] 이십 일
十月[시웨] 시월 二十五日[얼시우이] 이십오 일
十一月[시이웨] 십일월 三十日[싼시이] 삼십 일
十二月[시얼웨] 십이월 月底日[웨듸이] 삼십 일
一日[이이] 일일 晦日[회이] 삼십 일
初一[추이] 초하로 大晦日[짜회이] 년죵(年終)
初二[추얼] 초잇흘 年底[넨듸] 년죵(年終)

第四課 時令

秒[먆] 쵸 時[시] 시
分[왠] 분 點[덴] 뎜

刻[커] 각(십오 분)　　　隔一天[게이텐] 결일
午[우] 낫　　　　　　　　日後[이휴] 다른 날
夜[예] 밤　　　　　　　　前幾天[쳰지텐] 젼일
一點鐘[이뎬즁] 흔 시　　　半天[싼텐] 반일
兩點鐘[량뎬즁] 두 시　　　整日[졍이] 죵일
八點鐘[쌷뎬즁] 여닯 시　　天亮[텬량] 시벽
十二點鐘[시얼뎬즁] 열두 시 黃昏[황훈] 져녁
一個禮拜[이거리빙] 일쥬일　每天[메텬] 믹일
半點鐘[싼뎬즁] 반 시　　　現在[쎤직] 지금
兩個禮拜[량거리빙] 두쥬일　剛纔[깡치] 악까
早起[쟢치] 아츰　　　　　立刻[리커] 곳
晌午[샹우] 낫　　　　　　回頭[회투] 잇다가
晚上[완썅] 져녁　　　　　今年[진녠] 금년
夜裏[예리] 밤　　　　　　昨年[쥐녠] 작년
半夜裏[싼예리] 밤즁　　　明年[밍녠] 명년
今天[진텬] 오날　　　　　本月[쌘웨] 본월
明天[밍텬] 릭일　　　　　上月[썅웨] 샹월(지는 달)
昨天[쥐텬] 어젹게　　　　下月[싸웨] 릭월
前天[쳰텬] 그젹게　　　　每月[메웨] 믹월

第五課　干支及方角

甲[쟈] 갑　　　　　　　　子[쯔] 즈
乙[이] 을　　　　　　　　丑[쳑] 츅
丙[빙] 병　　　　　　　　寅[인] 인
丁[딩] 뎡　　　　　　　　卯[먚] 묘
戊[우] 무　　　　　　　　辰[쳔] 진
己[지] 긔　　　　　　　　巳[쓰] ᄉ
庚[껑] 경　　　　　　　　午[우] 오
辛[신] 신　　　　　　　　未[위] 미
壬[인] 임　　　　　　　　申[신] 신
癸[지] 계　　　　　　　　酉[유] 유

戌[슈] 슐
亥[히] 히
東[둥] 동
西[시] 셔
南[난] 남

北[베] 북
東南[둥난] 동남
東北[둥베] 동북
西南[시는] 셔남
西北[시베] 셔북

第六課 代名詞

我[워] 나
我們[워믄] 우리들
我的[워듸] 나의/나의 것
你[늬] 로형
你們[늬믄] 로형들
你的[늬듸] 로형의/로형의 것
他[타] 져
他們[타믄] 져의들
他的[타듸] 져의/저의 것
您[닌] 당신
您的[닌듸] 당신의/당신의 것

誰[쉬] 누구
誰的[쉬듸] 누의/누의 것
這個[져거] 이/이것
那個[나거] 그/그것
那個[나ㅣ거] 무엇/어느 것
這兒[져얼] 이곳
那兒[나얼] 그곳
那兒[나ㅣ얼] 어느 곳
這裏[져리] 이리
那裏[나리] 그리

第七課 連話(動詞)

有麽?[워마] 잇슴닛가?
有。[워] 잇슴니다.
沒有。[메워] 업슴니다.
看了麽?[칸라마] 보앗슴닛가?
看了。[칸라] 보앗슴니다.
沒看了。[메칸라] 보지 못흐얏슴니다.
來了麽?[래라마] 왓슴닛가?
來了。[래라] 왓슴니다.

還沒來了。[히메래라] 아즉 아니 왓슴니다.
來不來?[래부래] 옴닛가 안 옴닛가?
去不去?[취부취] 감닛가 가지 안슴닛가?
賣不賣?[미부미] 팜닛가 팔지 안슴닛가?

(釋) 麽는 問辭니 現在에 多用하고 沒은 無의 意니 過去에 用하며 了는 過去 助動詞나 又 現在에도 用하느니라.

第八課 連語 (動詞)

你要吃麽? [늬야치마] 로형 잡슈시고져 홈닛가?
我要吃。 [워야치] 늬가 먹고져 하오.
我不要吃。 [워부야치] 늬가 안이 먹고져 하오.
喝了麽? [허라마] 마시엿슴닛가?
已經喝過了。 [이징허궈라] 발셔 마시엿슴니다.
還沒喝了。 [히메허라] 아즉 마시지 아니하엿슴니다.
聽過了麽? [팅궈라마] 드럿슴닛가?
聽過了。 [팅궈라] 드럿슴니다.
沒聽過了。 [메팅궈라] 듯지 못하얏슴니다.
買不買? [매ㅣ부매ㅣ] 사심닛가 아니 사심닛가?
問不問? [운부운] 뭇겟슴닛가 아니 뭇겟슴닛가?

(釋)「要」는 推量詞니 未來를 包하고「已經」은 大過去니 下에「過了」字를 並用하고「還」은 아즉의 意니 副詞라.

第九課 現在、未來、過去

砍[칸] 버힌다
穿[촨] 입는다
開[키] 열다
砍罷[칸바] 버히겟다
穿罷[촨바] 입겟다
開罷[키바] 열겟다
砍了[칸라] 버혓다
穿了[촨라] 입엇다
開了[키라] 여럿다
看[칸] 본다
生[엉] 난다
種[즁] 심는다
打[짜] 친다
寫[쎄] 쓴다
做[줘] 지은다
學[쑈] 비혼다
蓋[시] 집 지은다
跑[퍄] 다라난다
看罷[칸바] 보겟다
生罷[엉바] 나겟다
種罷[즁바] 심으겟다
打罷[짜바] 치겟다
寫罷[쎄바] 쓰겟다
做罷[줘바] 짓겟다

學罷[쏸바] 비호겟다
蓋罷[씨바] 집 짓겟다
跑罷[퍌바] 다라나겟다
看了[칸라] 보앗다
生了[싱라] 낫다
種了[즁라] 심엇다

打了[따라] 첫다
寫了[쎼라] 썻다
做了[쭤라] 지엇다
學了[쏸라] 비웟다
蓋了[씨라] 집 지엿다
跑了[퍌라] 다라낫다

(釋) 罷는 未來 助動詞오, 了는 過去 助動詞라.

第十課 否定助動詞

不知道。[부지닫] 아지 못ᄒ오.
不要緊。[부야진] 관계치 안소.
不明白。[부밍비] 명빅지 안소.
不懂得。[부둥더] 아지 못ᄒ오.
 (해득지 못ᄒ오.)
不清楚。[부칭추] 쏙쏙ᄒ지 못ᄒ오.
沒定規。[메띵궤] 결정ᄒ지 못ᄒ얏소.

沒回來。[메회릭] 도라오지 아니ᄒ얏소.
沒有錢。[메워쳰] 돈이 업소.
沒在那兒。[메지나얼] 거긔 업소.
沒有法子。[메워빠쯔] 방법이 업소.
還沒開門。[해메키믄] 아즉 문을 열지 아니ᄒ얏소.

(釋) 不은 現在에 用ᄒ고 沒은 過去에 用ᄒ며 或 現在에도 用ᄒᄂ니라. 沒을 現在로 用ᄒᄂ 時는 無字의 意가 됨.

第十一課 後詞(의)的[듸]

您的表[닌듸뱌오] 당신의 시계
他的鞋[타듸쉐] 져의 신
我們的朋友[워믄듸펑위] 우리들의 친구
你的信[니듸신] 로형의 편지
我們的弟兄[워믄듸듸쓩] 우리의 형뎨

他們的話[타믄듸화] 져의들의 말
你們的意思[니믄듸이스] 로형들의 싱각
院子的樹[웬쯔듸쓔] (庭)뜰의 나무
你們的銀行[니믄듸인항] 로형들의 은힝(銀行)

他們的公司[타믄듸꿍스] 져의들의 회샤(會社)　我們的國[워믄듸궈] 우리의 나라

(解) 表는 時計오, 信은 書簡이오, 院子는 庭이오, 公司는 會社오, 的은 後詞「之」 即 「의」 의 意라.

第十二課　後詞(는)(은)是[쓰]

他是我的親戚。[타쓰워듸친치] 져는 나의 친척이오.
那個人是喝酒。[나거싄쓰허쥬] 그 사름은 슐을 마시오.
梅花是好看。[메화쓰핫칸] 미화는 보기 좃소.
那個房子是舊。[나거팡쯔쓰쥬] 그 집은 눌것소.
這個屋子是新。[져거우쯔쓰신] 이 방은 시거시오.

這個藥是苦。[져거얖쓰쿠] 이 약은 쓰오.
馬是快跑。[마쓰쾌퐈] 말은 쌀니 다라나오.
牛走的是慢。[뉴쥬듸쓰만] 소의 거름은 더듸오.
今天是正月初五。[진텬쓰졍웨츄[추]우] 오날은 정월 초오일이오.
昨天是禮拜四。[쥐텬쓰리빗쓰] 어제는 목욕일(木曜)이오.

(解) 跑는 走也오, 走는 步也오, 初五는 五日也오, 禮拜四는 木曜日이라. (禮拜一은 月曜오, 禮拜二는 火曜오, 禮拜三은 水曜오, 禮拜四는 木曜오, 禮拜五는 金曜오, 禮拜六은 土曜오, 禮拜日은 日曜日이라.) 是는 後詞의 은, 는, 이 等의 意가 됨.

第十三課　後詞(도)亦也

我也買。[워예매] 나도 사오.
您也坐。[닌예줘] 로형도 안지시오.
這兒也有。[져얼예위] 여긔도 잇소.
那兒也没有。[나얼예메위] 거긔도 업소.

明天也來。[밍텬예릭] 릭일(來日)도 오오.
價錢也貴。[쟈쳰예쒸] 갑도 빗싸오.
銀號也有。[인화예위] 은힝(銀行)도 잇소.
新報也看。[신봐예칸] 신보(新

報)도 보오.
道兒也遠。[따얼예웬] 길도 머오.

酒也喝,烟也吃。[쥬예허옌예치]
술도 먹고 담비도 피오.

(解) 價錢은 價也오, 銀號는 銀行也오, 新報는 新聞也오, 道兒는 路也오, 也는 亦也라.

第十四課　後詞보다(比)

比這個東西好。[삐져거둥시환] 이 물건보다 좃소.
比那個東西不好。[삐나거둥시부환] 그 물건보다 죠치 안소.
比那個道兒近。[삐나거따얼진] 그 길보다 갓갑소.
比那兒遠哪。[삐나얼웬나] 그곳보다는 머오.
比中國話不難。[삐즁궈화부난] 한어보다는 어렵지 안소.
牛比馬有力量。[뉴삐마유리량] 소가 말보다 힘이 잇소.
比冷的時候兒好。[삐렁듸시휘얼환] 치울 때보다는 좃소.
比算學怎麽了? [삐쏸쑈즌마라] 산학보다는 엇덧슴닛가?
你比我快。[늬삐워쾌] 로형이 나보다 쌔르오.

(解) 中國話는 支那人이 漢話를 自稱홈이오, 力量은 筋力이오, 兒는 話辭니 名詞下에 多用ᄒᆞ고, 哪는 對話時 答應ᄒᆞ는 語辭오, 比는 보다의 意라.

第十五課　(打)字用法(브터)

打前門進去了。[따쳰믄진취라] 압문으로 나아갓슴니다.
打下午十點鐘睡覺了。[따쌰우시뎬즁쉬쟈라] 하오 십 시브터 잣슴니다.
打抄道跑罷。[따챠오단파오바] 싯이길① 노 다라납시다.
這個雨是打下半天可以住罷。[져거위쓰따쌰싼텐커이주바] 이 비는 오후브터 긋치겟지오.
打早起到晚上寫字了。[따쟈오치단완썅셰쓰라] 아츰브터 져녁신지 글씨 썻슴니다.
打家裏來。[따쟈리릭] 집으로브터 옴니다.

---
① 싯이길: 抄道. 샛길. 지름길.

（解）打는 從字의 意오, 抄道는 間道也오, 家裏는 家中也라.

第十六課 （怎麽）字用法（웨 웃지）

怎麽沒來了麽？［전마메릿라마］웨 오지 아니ᄒ엿슴닛가？

這一向怎麽樣了？［져이샹전마양 라］요세는 엇더ᄒ심닛가？

他怎麽不來的？［타젼마부릿듸］져 사름은 웨 아니 옴닛가？

怎麽沒有信息的？［전마메우신시 듸］웨 소식이 업슴닛가？

怎麽這麽熱的了？［전마져마서듸 라］웨 이러케 덥슴닛가？

怎麽那麽貴的？［젼마나마쒸듸］웨 이러케 빗쌈닛가？

怎麽那麽鬧的了？［전마나마놔듸 라］웨 그러케 써드럿슴닛가？

不知怎麽的, 我頭疼得難受。［부지 젼마듸워투텅더느숴］웬일인지 모르겟소, 닉가 두통이 나오.

不知怎麽個事情了, 還没回來。［부 지전마거쓰칭라희메회릿］웬 까 닭인지 모르겟소, 아즉 도라오지 아니ᄒ엿소.

（解）（怎麽）는 何故의 意오, 這一向은 近者의 意오, 信息은 消息也오, 鬧 는 騷動也오, 頭疼은 頭痛也오, 難受는 困瘁難堪의 意오, 事情은 事故也라.

第十七課 （做）字用法（ᄒ다）

你在那兒做甚麽的？［늬지나얼줘 선마듸］로형이 거긔셔 무엇을 ᄒ시오？

你做甚麽？［닌줘션마］로형이 무 엇을 ᄒ시오？

他是做甚麽的？［타쓰줘션마듸］져 사름은 무엇을 홈닛가？

不做甚麽大事情。［부줘션마따쓰 칭］무슨 큰 일은 ᄒ지 안슴니 다.

做了一年的工夫。［줘라이넨듸꿍 얖］일 년 동안 ᄒ엿슴니다.

你做着頂好。［늬줘져씽활］로형이 만들기를 미우 잘ᄒ얏소.

（解）甚麽는 何樣也오, 做는 作、爲의 意오, 工夫는 暇隙也오, 頂은 甚 의 意也라.

第十八課 要字用法 (願意)

要好衣裳。[야す이샹] 조흔 의복을 요구ᄒᆞ오.
要一部書。[야이부슈] 칙 흔 길① 을 요구ᄒᆞ오.
要買這個東西。[야민져거둥시] 이 물건 사기를 요구ᄒᆞ오.
要送到我家裏去。[야쑹돠워자리취] 닉 집ᄭᆞ지 가져가기를 요구ᄒᆞ오.
下回是要你臨席。[쌰회쓰야닌린시] 다음에는 출석ᄒᆞ시기 바라오.
我要那個。[워야나거] 나는 그것을 요구ᄒᆞ오.
他要這個。[타야져거] 져는 이것을 요구ᄒᆞ오.
和他不要說話。[히타부야쉬화] 져ᄒᆞ고 말ᄒᆞ기 요구치 안소.
要不要? [야부야] 원ᄒᆞ오 원치 아니ᄒᆞ오?

(解) 東西는 物貨也오, 臨席은 出席也오, 和는 與也오, 說話는 談話也오, 要는 願意也라.

第十九課 若字用法 (면의 意/거든의 意)

若去就快來罷。[워취주쾌릭바] 가거든 얼는 오시오.
若下雨我不去。[워쌰위워부취] 비가 오면 나는 가지 안소.
若不買就没有了。[워부매주메우라] 아니 사면 곳 업셔짐니다.
若不要就拿回去。[워부야주나회취] 원치 아느면 곳 가지고 가겟소.
若在家要見一見。[워지쟈야진이진] 집에 잇스면 흔 번 보고십소.
您若來, 我可以等着。[닌워릭워커이덩져] 로형이 오시면 닉가 기다리겟소.
您若回去, 我也是回去。[닌워회취워예쓰회취] 로형이 도라가면 나도 도라가겟소.

(解) 就는 卽也오, 快는 速也오, 拿는 持也오, 見一見은 見也오, 等着은 待也라.

---

① 길: 部. 질(帙).

第二十課 叫字用法(被의 意라)

耗子叫猫拿住了。[하으쟌마나주라] 쥐가 고양이에게 잡히엿슴니다.

表叫賊偸了去了。[뱌쟈졔투라취라] 시계를 도젹에게 도젹마졋슴니다.

莊稼叫水淹了。[좡쟈쟌쉬옌라] 곡식이 물에 잠겻슴니다.

賊叫巡捕拿住了。[졔쟌쉰부나주라] 도젹이 슌사에게 포박되얏슴니다.

院子裏的松樹叫昨天的風都例〔倒〕了。[웬쯔리듸쑹수쟌줘텬듸펑뚜다라] 쓸의 솔나무가 어졔 바름에 너머졋슴니다.

那個孩子叫父親責吃〔斥〕哪。[나거해으쟌뿌친즈치나] 그 아희는 아비에게 꾸지람 밧소.

昨兒夜裏叫耗子打了。[줘얼예리쟌하으따라] 어졔 져녁에 쥐에게 물녓슴니다.

(解) 叫는 被、使、의 意오, 拿住는 攫拿也오, 表는 時計也오, 莊稼는 作物也오, 巡捕는 巡査也오, 責吃[斥]은 被責也오, 挐는 與拿로 同也라.

第二十一課 (續) 叫(使의 意)

叫他做。[쟌타줘] 져로 ㅎ여곰① ㅎ게 ㅎ오.

叫他買幾個? [쟌타미지거] 져로 ㅎ여곰 몃 기를 사게 ㅎ오릿가?

叫他買二十來個了。[쟌타미얼시릭거라] 져로 ㅎ여곰 이십여 기 사게 ㅎ얏슴니다.

叫他說罷。[쟌타쉬바] 져로 ㅎ여곰 말ㅎ게 ㅎ시오.

叫他開個書鋪了。[쟌타캐거슈푸라] 져로 ㅎ여곰 셔포②를 닉게 ㅎ엿슴니다.

請叫他送封信。[칭쟌타쑹펑신] 쳥컨듸 져로 편지를 보닉게 ㅎ시오.

決不叫他說假話。[졔부쟌타쉬쟈화] 결코 그짓말은 ㅎ게 아니ㅎ겟소.

叫人送到府上呢? [쟌신쑹단얐쌍니] 사름으로 ㅎ여곰 딕으로 보

---

① ㅎ여곰: 叫. 하여금.

② 셔포: 書鋪. 셔졈(書店).

닉오럿가?
請叫我再歇一天的工夫。[칭쟈워지쎄이텐듸쿵꽈] 청컨듸 나로 ᄒᆞ여곰 하로만 더 놀게 ᄒᆞ야 쥬시오.
請把這本書叫我念。[칭쨔져쎈슈쟈워녠] 이 ᄎᆡᆨ을 갓다가 내게 읽혀 쥬시오.
一定叫他停住。[이띵쟈타딍주] 쏙 긋치게 ᄒᆞ오.
不叫他報考哪。[부쟈타바콰나] 시험을 보지 못ᄒᆞ게 ᄒᆞ얏슴니다.
快叫他進去罷。[쾌쟈타진취바] 얼는 져로 ᄒᆞ여곰 나가게 ᄒᆞ시오.

(解) 封信은 書信也오, 假話는 慌[謊]說也오, 府上은 貴宅也오, 呢는 語辭오, 本書는 冊也오, 念은 讀也오, 停住는 止也오, 報考는 試驗也라.

第二十二課 着字用法 (면셔/을/슬)

念着想了。[녠져샹라] 읽으면셔 싱각ᄒᆞ오.
說着走了。[쉬져쥬라] 말ᄒᆞ면셔 간다.
笑着說了。[쌰져쉬라] 웃으면셔 말ᄒᆞ오.
哭着玩兒哪。[쿠져왈나] 울면셔 구경ᄒᆞ오.
學着忘了。[쌰져왕라] 비호면셔 이져바리오.
生着氣着〔去〕了。[셩져치취라] 셩니면셔 가오.
吃着飯。[치져얜] 밥을 먹소.
喝着酒。[허져쥬] 슐을 마시오.
寫着字。[셰져쯔] 글씨를 쓰오.
看着書。[칸져슈] 글을 보오.

(解) 着은 助辭니면셔, 又는 을/를/슬等의 意오, 玩兒는 觀賞의 意오, 生氣는 怒也오, 吃은 食也오, 喝은 飮也라.

第二十三課 別字用法 (勿의 意)

別送別送。[쎄쑹쎄쑹] 젼숑 마시오.
別多喝水。[쎄둬허쉬] 물을 마니 마시지 마시오.
別拿那個去。[쎄나나거취] 그것 가지고 가지 마시오.
千萬別喝酒。[쳰완쎄허쥬] 부듸 슐 마시지 마시오.
別說糊塗話。[쎄쉬후두화] 안되는 말은 ᄒᆞ지 마시오.

別大聲喊。[쎄따셩흔] 큰 소릭 지
 르지 마시오.
別吃不好的東西。[쎄치부환듸둥
 시] 조치 아는 물건은 먹지 마시
 오.
別買那麽個東西。[쎄미나마거둥
 시] 그러흔 물건은 사지 마시오.
別着凉了。[쎄쟈량라] 감긔 들지
 마시오.
別受傷了。[쎄슈샹라] 샹쳐① 내지
 마시오.
別忘了昨天說的話。[쎄왕라줘텬
 쉬듸화] 어제 흔 말을 잇지 마시
 오.

(解) 千萬은 懇請의 意오, 糊塗는 不明白의 意오, 喊은 號也오, 那麽個
는 如彼之의 意오, 着凉은 被感毒也오, 受傷은 被傷也라.

第二十四課 (不可/不行)字用法

不可不說話。[부커부쉬화] 말 아
 니흘 슈가 업슴니다.
不可做別的事。[부커줘쎄듸쓰] 뜬
 일을 ᄒ여셔는 안되오.
不可吵鬧。[부커챠노] 써드는 것
 이 불가ᄒ오.
不可折樹枝。[부커제쓔지] 나무
 가지 썩는 것이 불가ᄒ오.
不可上房頂上。[부커쌍얭딍샹] 집
 용마루에 오르는 것이 불가ᄒ오.
在學堂裏不可吵鬧。[지쑈탕리부
커챠노] 학당에셔 써드는 것이
 불가ᄒ오.
不可說無用的話。[부커쉬우융듸
 화] 쓸데 업는 말을 홈이 불가ᄒ
 오.
遲了不可。[치라부커] 더듸여셔는
 불가ᄒ오.
晚了不行。[완라부싱] 느져셔는
 안되오.
你不來不行。[늬부릭부싱] 로형이
 오지 아니ᄒ면 안되오.

(解) 吵鬧는 鬧亂也오, 房은 家屋也오, 頂上은 屋根也오, 不行은 不可也라.

第二十五課 感嘆辭

(啊)
是呵〔啊〕。[쓰아] 그럿소.
那還可以啊。[나히커이아] 그것이
 아즉 관계치 안소.

---

① 샹쳐: 傷. 샹쳐(傷處).

一定跑啊。[이씽판아] 쏙 다라나오.
（哪）
我還小哪。[워히쏘나] 나는 아즉 젊으오.
没理會哪。[메리회나] 염량 못ᄒ엿소.
（咯）
是我咯。[쓰워러] 나이오.
没個法子咯。[메거빠쓰러] 홀 슈 업소.
進退兩難咯。[진퉤량난러] 진퇴가 량난이오.
他是怜俐〔伶俐〕咯。[타쓰링리러] 졔가 령리ᄒ오.
（呢）
明天呢。[밍톈늬] 래일이구려.
買了呢。[미라늬] 사시구려.
爲了難呢。[웨라난늬] 어렵구려.
（呀）
是誰呀? [쓰쉬야] 누구요?

真的呀。[쩐듸야] 참이오.
假的呀。[쟈듸야] 그짓이오.
（噯呀）
噯呀, 了不得了。[애야랴부더라] 아이구, 견딜 슈 업소.
噯呀, 痛了。[애야텅라] 아이구, 압호오.
噯呀, 忘了。[애야왕라] 아이구, 이젓소.
（哎）
哎, 快走罷。[이쾌쥬바] 자 — 얼는 갑시다.
哎, 害了命了。[이해라밍라] 오 — 무셥소.
（噯）（呀）
噯, 下雨了。[애쌰워라] 아이, 비가 왓다.
呀, 花都謝了。[야화두셰라] 아이구, 쏫이 다 허여젓다①.

（評）以上 等字는 總히 感歎辭라 語形을 隨ᄒ야 種種의 意를 成ᄒ니 語學者ㅣ 同一ᄒᆫ 類를 採集ᄒ야 比較攻習홈이 可홈.

第二十六課 一數下에 用ᄒ는 名詞句

一張紙[이쟝지] 조희 ᄒᆫ 쟝
一件衣裳[이젠이샹] 옷 ᄒᆫ 벌
一套衣裳[이탸오이샹] 옷 ᄒᆫ 벌
一鍾〔盅〕酒[이즁쥭] 술 ᄒᆫ 죵즈
一碗茶[이완차] 차 ᄒᆫ 곱부②
一本書[이쎤슈] 칙 ᄒᆫ 권

---

① 허여젓다: 謝. 시들다.
② 곱부: 碗. 고뿌. 잔.

一部書[이부슈] 칙 흔 길
一頁新報[이쎈신빤] 신문 흔 쪽
一隻鷄子[이지지쓰] 둙 흔 마리
一匹馬[이피마] 말 흔 필
一塊墨[이쾌머] 먹 흔 쟝①
一輛車[이량쳐] 차 흔 치
一枝筆[이지쎄] 붓 흔 자루
一個鑕子[이거젠쓰] 낫 흔 기
一管筆[이꽌쎄] 붓 흔 자루
一隊魚[이뒈위] 고기 흔 쎄
一雙木屐[이쌍무지] 나무신 흔 쌍
一對火筷子[이뒈휘쾌즈[쓰]] 화져ㅅ갈② 흔 쌍
一隻船[이지촨] 비 흔 쳑

一封信[이쌍신] 편지 흔 봉
一棵松樹[이궈쑹수] 솔나무 흔 쥬
一捆柴火[이쿤치훠] 나무 흔 뭇금
一輪梅花[이룬메화] 믹화 흔 송이
一間房[이졘썅] 집 흔 간
一疋綢子[이피추쓰] 비단 흔 필
一張刀子[이쟝단쓰] 창칼 흔 기
一塊洋錢[이쾌양쳰] 돈 일 원
一把扇子[이빠싼쓰] 부치 흔 자루
一夕講談[이시쟝단] 하로져녁 이약이
一篇論文[이펜룬운] 논문 흔 편

第二十七課　前課復習

現在是幾點鐘? [쎈지쓰지뎬즁]
剛打了三點鐘。[깡다라싼뎬즁]
從那兒來麽? [츙나얼래마]
你看過了麽? [늬칸궈라마]
甚麼話呢? [션마화늬]
念着書。[녠져슈]
還没定規。[히메띵꿰]
怎麽個事情呢? [젼마거쓰칭늬]
慢慢的走罷。[만만듸쪼바]
你學中國話麽? [늬쑈즁궈화마]
昨天是禮拜。[줘텐쓰리빈]
您上那兒去? [닌썅나얼취]

還没來了。[해메릭라]
已經看過了。[이징칸궈라]
寫着字。[셰져쓰]
聽不清楚。[팅부칭추]
有甚麽法子? [위선마얘쓰]
他不能喝酒。[타부능허쥬]
東西也好,價錢也賤。[둥시예핫자 쳰예진]
打小路走罷。[다쏘루쪼바]
穿了中國人的衣裳。[촨라즁궈신 듸이샹]
你要買這個東西? [늬얏매져거둥

---

① 쟝: 塊. 정(梃).
② 화져ㅅ갈: 火筷子. 부젓가락.

시]
若颷風不能開船。[쉬쏴뼝부능캐촨]
莊稼叫水淹了。[좡쟈쟢쉬옌라]
叫我買那個東西。[쟢워매나거둥시]
叫他說一說。[쟢타쉬이쉬]
哭着說了。[쿠져쉬라]
他在書院裏看着書。[타직슈웬리칸져슈]
別拿這個來。[쎼나져거래]
別忘了昨天說的話。[쎼왕라줘텐쉬듸화]
不可說無用的話。[부커쉬우융듸화]
晚了不行。[완라부싱]
遲也不可。[치예부커]
他不來不行。[타부래부싱]
一定跑啊。[이띙팦아]
没理會哪。[메리회나]
他是怜悧〔伶俐〕咯。[타쓰링리러]
是我呢〔呀〕。[쓰워야]
你買了呢?[늬매라늬]
是真的呀。[쓰쎤듸야]
嗳呀,我忘了。[이야워왕라]
花都謝了。[화뚜쎼라]
這是一匹馬。[져쓰이피마]
買了一把扇子。[매라이빠싼쯔]
那是一隻鷄子。[나쓰이지지쯔]
給我一塊洋錢。[쎄워이쾌양쳰]

以上 二十七課는 一個月分의 科[課]程으로 區分흔 者이니 學者는 必 一課式 一日에 暗誦흠이 可흠.

第二編　會話部

第一課　早您納

早您納。［쟌넌나］일슴니다.
早啊。［쟌아］일슴니다.
你好啊。［늬환아］로형 엇더시오 닛가?
托福,我好。［튀왹워환］덕틱으로 잘 잇슴니다.
失陪了。［시[외]예라］또 뵙겟슴니다.
再見,再見。［지견지견］또 뵙시다.

你歇着罷。［늬쎄져바］쥬무시오.
討擾您納。［탸샤넌나］방히시겻슴니다.
那兒的話呢。［나얼듸화늬］쳔만에 말슴이오.
攪擾,攪擾。［쟢샦쟢샦］시스럽게 하엿슴니다.
好說,好說。［환쉬환쉬］조흔 말슴이오.

（解）早您納은 朝에 語ᄒᆞ는 人事오, 您好啊는 何時를 勿論ᄒᆞ고 通稱ᄒᆞ는 人事오, 托福은「惠澤으로」의 意오, 失陪는 再見의 敬語오, 討擾는「妨害시겻다」ᄒᆞ는 意오, 那兒的話呢는「무슨 말이오」의 意니 好說,好說과 意義가 不同ᄒᆞ나 或 時를 因ᄒᆞ야 同樣으로 用ᄒᆞᄂᆞ니라.

第二課　借光

借光,您納。［졔광넌나］용셔ᄒᆞ시오.
您來了麽?［넌래라마］로형 오섯슴닛가?
我來了。［워릭라］내가 왓슴니다.
借光。［졔광］용셔ᄒᆞ오.
借光,借光。［졔광졔광］용셔ᄒᆞ시오. 용셔ᄒᆞ시오.

請上來。［칭썅릭］쳥컨딕 올나오시오.
請進來。［칭진릭］쳥컨딕 드러오시오.
請坐,請坐。［칭줘칭줘］안즈시오.
請鋪上。［칭푸썅］자리 ᄭᅡ르시오.
請您等一會兒。［칭넌덩이회얼］좀 기다리시오.

今兒個實在好天氣。[진얼거식직
화텬치] 오늘은 참 조흔 일긔올
시다.
是啊。[쓰아] 네, 그럿슴니다.
熱得很。[서더흔] 미우 더움슴니
다.
很冷了。[흔렁라] 미우 춥슴니다.
忽然的冷起來了。[후산듸렁치래
라] 몹시 춥게 되엿슴니다.

(解) 借光은 仰賴, 又는 請恕의 意오, 上來는 上房入來ᄒ라는 意오, 進來
는 入來의 意오, 舖는 坐蒲團이오, 忽然的는 劇遽의 意오, 冷起來了는 冷
ᄒ게 되엿다 ᄒ는 意라.

第三課　人事

您好啊。[닌환아] 엇더시오닛가?
托福好。[퉈왹화] 덕퇵으로 잘 잇
슴니다.
衆位都好啊?[중위쭈화아] 여러분
다 안녕ᄒ심닛가?
托福都好。[퉈왹쭈화] 덕퇵으로
다 잘 잇슴니다.
令尊、令堂都好啊?[링슌링탕쭈화
아] 량친이 다 안녕ᄒ심닛가?
很康健您納。[흔캉진닌나] 네, 덕
분에 강건ᄒ심니다.
府上都好了麽?[왹앙쭈화라마] 퇵
닉가 다 일안ᄒ시오닛가?
托福,都好了。[퉈왹쭈화라] 덕퇵
에 다 잘 잇슴니다.
貴恙怎麽樣了?[쒸양젼마양라] 병
환이 엇더ᄒ심닛가?
承問承問,托福好了。[청운청운퉈
왹화라] 무르시니 고맙소. 덕분
에 나엇슴니다.
不舒服了麽?[부수왹라마] 편치
아느심닛가?
不大舒坦。[부짜수탄] 딕단히 신
긔가 불편홈니다.
怎麽的了?[즘마듸라] 엇지ᄒ야
그럿슴닛가?
着凉了,頭痛。[쟈량라투텅] 감긔
가 드러셔 머리가 압푸오.
臉顔色很不好。[렌얜써흔부화] 얼
골빗이 미우 죳치 안슴니다.
這兩三天身子不大舒坦。[저량싼
텐썬쯔부짜수탄] 이삼 일은 몸
이 딕단 불편ᄒ오.
保重,保重。[방중방중] 조셥ᄒ시
오.
承您美情,謝謝。[청닌위칭셰셰]
친졀ᄒ 말슴 듯ᄉ오니 감슈ᄒ오
이다.

（解）令尊令堂은 人의 父母를 稱홈이오, 府上은 宅內의 意오, 不舒服은 不康健의 意오, 着凉은 被感의 意오, 保重은 珍攝의 意오, 謝謝는 多感의 意라.

第四課　初面人事

初見, 初見。[추진추진] 쳐음 뵙슴니다.

初見, 初見。[추진추진] 쳐음 뵙슴니다.

久仰大名。[쥬양짜밍] 셩식은 익히 드럿슴니다.

彼此, 彼此。[쎄츠쎄츠] 피츠업슴니다.

我姓金, 請您抬愛。[워싱진칭닌티애] 닌 셩은 김가오. 이호ᄒ시기 바람니다.

賤姓李, 往後請您照應。[진싱리왕후칭닌쟈잉] 쳔셩은 리가오. 이후로 졀친ᄒ기 바라오.

以後請您認知認知。[이후칭닌신지신지] 이후에 아러 쥬시기 바롬니다.

請您提拔提拔。[칭닌듸얘듸얘] 잘 도와주시기 바람니다.

久違, 久違。[쥐위쥐위] 오릭 못 보엿슴니다.

彼此, 彼此。[쎄츠쎄츠] 피츠업슴니다.

勞駕, 勞駕。[랴오즈랴오즈] 슈고ᄒ셧슴니다.

好說, 好說。[ᄒ쉬ᄒ쉬] 쳔만에 말솜이 올시다.

辛苦了, 你啊。[신쿠라늬아] 고싱ᄒ셧슴니다.

好說, 您納。[ᄒ쉬닌나] 아니오. 쳔만에 말솜이오.

多蒙照顧了。[둬멍쟈구라] 마니 신셰엿슴니다.

那兒的話呢？[나얼듸화늬] 무슨 말솜이오？

多蒙您的愛抬〔抬愛〕了。[둬멍닌듸태이라] 마니 폐시겻슴니다.

照應不到。[쟈잉부닫] 아무 것도 ᄒ 것 업슴니다.

（解）大名은 高名也오, 抬愛는 愛眷也오, 照應은 庇護의 意오, 提拔은 愛庇의 意오, 勞駕는 受苦의 意오, 照顧는 愛顧也오, 不到는 不周到의 意라.

第五課　多賞盛設

多賞盛設。[둬샹싱시] 너무 잘 차렷슴니다.

草率不成敬意。[차수부쳥징이] 차린 것 업셔셔 공경을 이르지 못

힛슙니다.
有擾, 有擾。[읻샨읻샨] 폐시겻슙니다.
簡慢, 簡慢。[졘만졘만] 도로혀 실례ᄒᆞ엿슙니다.
恭喜, 恭喜。[궁시궁시] 감츅ᄒᆞ오이다.
哀傷, 哀傷。[읻샹읻샹] 불샹ᄒᆞ오이다.
父親在家了麼? [얖친지쟈라마] 아바님 듹에 계시오닛가?
剛出去了。[깡추취라] 금방 나가셧슙니다.
媽媽也來罷? [마마예라[래]바] 어마니도 오시오?
我也是去。[워예쓰취] 나도 가겟다.
令翁高壽? [링웅갶왞] 조부쟝 츈츄가 을마시오?

我的祖父今年有六十八歲了。[워디주얖진녠우루시쌔쉐라] 우리 조부는 금년에 륙십팔 세올시다.
奶奶睡覺去了麼? [내내쒜쟈춰라마] 할마니 쥬무시러 가셧슴닛가?
祖母還沒睡覺哪。[주무희메쒜쟈나] 할마니 아즉 아니 쥬무심니다.
叔叔把這個給我買。[우우쌔져거게워미] 아자씨 이것 닉게 사셔 쥬시오.
給你比那個還好的。[께늬ᄲᅵ나ㅣ거히핟듸] 져거보다 더 조흔 것을 사셔 쥬마.
令兄在那兒了? [링쓩지ᄂᆞ얼라] 빅씨는 어듸 계심닛가?
現在在北京哪。[쎈지지베징나] 지금 북경에 계심니다.

(解) 草率은 麤粗也오, 有擾는 感悚의 意오, 簡慢은 反爲失禮의 意오, 恭喜는 感祝의 意오, 剛은 今者의 意오, 媽々는 母親也오, 令翁은 他人의 祖父를 尊稱홈이오, 奶々는 祖母의 敬語오, 還沒은 尙未의 意오, 北京은 支那 首都也라.

第六課 兄弟

你的哥哥是武官不是? [늬듸쩌쩌쓰우관부쓰] 빅씨는 무관이 아니시오닛가?
學堂裏當教習。[쇼탕리당쟈쉬] 학교 교수올시다.

和令兄説這個話罷! [히링쓩쉬져거화바] 빅씨에게 이런 말씀ᄒᆞ시오.
遵命! [쥰밍] 그리ᄒᆞ오리다.
和姐姐聽見的麼? [히졔졔팅진듸

마] 누님에게 드럿슴닛가?
不是. [부쓰] 아니오.
姐姐是去年出閣了. [졔졔쓰취년 추쩌라] 누님은 거년에 시집갓 슴니다.

是麼? [쓰마] 그러오닛가?
令姐是曉得了罷? [링졔쓰샾더라바] 미씨①가 아시겟슴닛가?
我想大槪是知道. [워샹따씌쓰지 단] 아마 알 듯ᄒᆞ오이다.

(解) 哥々는 兄也오, 武官은 軍人也오, 敎習은 敎師也오, 遵命은 奉行也오, 姐々는 姊妹也오, 出閣은 出嫁也오, 曉得은 知也라.

第七課　昨天來

他是昨天來的. [타쓰쮜텐릯듸] 져는 어제 왓슴니다.
我是今天到的. [워쓰진텐딶듸] 나는 오늘 왓슴니다.
他走得快. [타쥰더쾌] 졔가 쌸니 감니다.
我走得慢. [워쥰더만] 닉가 더듸 감니다.
要買的是牛麼? [얖미듸쓰누마] 살 것이 소오닛가?
不是, 要買的是馬. [부쓰얖미듸쓰마] 아니오. 살 것은 말이올시다.
步行兒走. [부싱얼쥰] 거러셔 감니다.
在道兒上站着了. [짇둎얼썅잔져라] 길 우에 셧슴니다.

在床上躺着了. [짇쵷썅탕져라] 침샹 우에 누엇슴니다.
再不能吃. [짇부녕치] 다시는 먹을 슈 업슴니다.
你可以拿來. [늬커이라릯] 로형이 가져오시오.
你打那兒來的? [늬짜나ㅣ얼릯듸] 로형이 어듸로부터 오심닛가?
我起家裏來的. [워치자리릯듸] 나는 집으로브터 옴니다.
你懂得不懂? [늬둥더부둥] 로형이 아심닛가 모르심닛가?
我不懂得. [워부둥더] 나는 아지 못ᄒᆞ오.
懂得一點兒不多. [둥더이뎬얼부둬] 조금밧게는 모릅니다.

(解) 快는 速也오, 慢은 遲也오, 站着는 立也오, 躺着는 臥也오, 拿는 持也오, 懂은 解得也오, 一點兒는 少許也라.

---

① 미시: 令姐. 매씨. 남의 손아래 누이를 높여 이르는 말.

第八課　前天

前天就是前兒。[쳰텬주쓰쳰얼] 再昨日은 곳 前兒라홈니다.

昨天還是昨兒。[줘텬히쓰줘얼] 昨日은 昨兒라고도 홈니다.

每天早起起來。[메텬죠치치리] 每日 일즉 니러남니다.

晌午錯了。[양우춰라] 오졍이 지낫슴니다.

上半天下雨了。[양싼텬쌰위라] 午前에는 비가 왓슴니다.

下半天晴了。[쌰싼텬칭라] 午後에는 기엿슴니다.

前半夜下雪了。[쳰싼예쌰쉐라] 子正前에는 눈이 왓슴니다.

後半夜冷了。[휘싼예렁라] 子正後에는 춥슴니다.

没有工夫。[메유꽁우] 겨를이 업슴니다.

天上雲彩滿了。[텬양윈치만라] 하늘에 구름이 가득홈니다.

今兒晚上見罷。[진얼완양진바] 오늘 져녁에 봅시다.

月亮好。[웨량환] 달이 미우 좃슴니다.

下霧很大。[쌰우흔따] 안기가 마니 나림니다.

夏景天是天長。[쌰징텬쓰텬쟝] 여름은 히가 기옴니다.

冬天是天短。[둥텬쓰텬돤] 겨울은 히가 짤슴니다.

（解）前天과 前兒는 再昨日也오, 昨天과 昨兒는 作[昨]日也오, 晌午는 午正也오, 錯은 過也오, 上半天은 午前也오, 下半天은 午後也오, 前半夜는 子正前也오, 後半夜는 子正後也오, 工夫는 暇也오, 夏景天은 夏日也라.

第九課　衣食住

天天兒洗澡就好。[텬텬얼시쑈쥬환] 늘마다 沐浴ᄒᆞᆫ 것이 곳 좃슴니다.

拿揮子揮一揮。[느쮠쯔쮠이쮠] 써리개를 갓다가 흔 번 써르시오.

這個褲子太小。[져거쿠쯔태쑈] 이 바지가 미우 작소.

衣裳破了。[이양퍼라] 옷이 써러졋슴니다.

趕緊的補了就好。[깐진듸부라쥬환] 급히 깁는 것이 곳 좃슴니다.

針綫是女人的本事。[젼쎈쓰뉘인듸썬쓰] 針綫은 女人의 職務올시다.

那褂子太長, 之[不]合式。[느

과쯔태창부허시] 그 周衣는 너무 기러서 맛지 안슴니다.

這砍肩兒是前〔時〕興的。[져칸젠얼쓴[쓰]시싱듸] 이 족기는 시쳬 것이올시다.

他穿外國衣裳。[타촨왜궈이쌍] 제가 外國 衣服을 입엇소.

這個屋子很幹〔乾〕净。[져거우스[쯔]흔깐징] 이 집이 미우 씨슷ᄒᆞ오.

這一條手巾腌臟了。[져이탸쑤진앙장라] 이 흔 개 수건이 더럽소.

這是皮做的靴子。[져쓰피줘듸화쯔] 이것은 가족으로 만든 신이오.

金子比銀子貴。[진쯔삐인쯔쒸] 金은 銀보다 빗싸오.

你愛喝湯呢？[늬이허탕니] 로형은 국을 잘 잡수심닛가?

不是，我愛吃菜。[부쓰워이치치] 아니오. 나는 菜를 잘 먹슴니다.

甚麼菜是好麼？[선마치쓰하마] 무슨 치가 좃슴니가?

勿論甚麼菜都是好哪。[우룬선마치쭈쓰하느] 무슨 菜이든지 모다 좃슴니다.

（解）天天兒는 每日의 意也오, 洗澡는 沐浴也오, 撢子는 拂塵子也오, 撢는 拂也오, 褲子는 袴也오, 補는 縫補也오, 本事는 職務也오, 褂子는 周衣也오, 不合式는 不合也오, 砍肩兒는 胴衣也오, 時興은 流行也오, 乾淨은 潔也오, 腌臟은 麤汚也오, 靴子는 鞋也오, 湯은 羹也오, 菜는 酒肴니 魚肉蔬菜等의 煎,炒,烹흔 物의 通稱也오, 喝은 飮也오, 吃은 食也라.

第十課 人身

他要騎馬。[타야오치마] 져는 馬를 騎ᄒᆞ랴 ᄒᆞ오.

我要坐車。[워야오줘쳐] 나는 車를 乘ᄒᆞ랴 ᄒᆞ오.

你不愛坐船麼？[늬부이줘촨마] 로형은 船을 乘ᄒᆞ기 愛치 안슴닛가?

人老了。[신랴오라] 사ᄅᆞᆷ이 늙엇슴니다.

眼睛看不真了。[옌징칸부쩐라] 눈에 보이는 것이 진젹지 못ᄒᆞ오.

耳朶也聽得不清楚。[얼둬예팅더부칭추] 귀도 듯기를 쪽쪽이 못ᄒᆞ오.

砍〔鬍〕子都白了。[후쯔쭈비라] 슈염이 모다 희엿슴니다.

躺在炕上直不起來。[탕자이캉쌍즤부치리] 구들 우에 누어서 곳 니러나지 안소.
牙齒很疼了。[야츠흔텅라] 어금니가 미우 압흠니다.
臉上刷白。[롄쌍쑤아빅] 얼골이 힐식호오①.
他病的日子久了。[타삥듸이쯔쥬라] 져의 병든 날즈가 오릭오.
请大夫瞧一瞧。[칭따약챠이챠] 의

원을 쳥호야 보시오.
他是軟弱的。[타쓰솬쉬듸] 져는 약흔 사룸이오.
這個人很壯健。[져거신흔좡졘] 이 사룸은 미우 건장호오.
他的眉毛長得不錯。[타듸메맏장더부춰] 져의 눈섭 긴 것은 관계치 안소.

(解) 淸楚는 明白也오, 刷白은 憔悴貌오, 大夫는 醫也오, 輭弱은 柔弱也오, 不錯는 無妨也라.

第十一課 掉下來

把茶碗掉下來。[빠차완댜오쌰리] 차종을 나려트럿소.
把胳臂搊〔戳〕了。[빠꺼쎄춰라] 팔을 비엿슴니다.
哈哈的笑。[하하듸샾] 하하호고 웃슴니다.
嘎嘎的笑。[까까듸샾] 깔깔호고 웃슴니다.
拉他去了。[라타춰라] 져를 쓸고 갓슴니다.
揝〔攥〕住他的辮子了。[짠쥬타듸쪤쯔라] 져의 머리 쏘리를 잡어쥐엿소.
做夢的一樣。[쥐멍듸이양] 꿈꾼 거와 혼 모양이오.
不論吉凶, 都有個先兆兒。[부룬

즈쓩쭈유거쎈죠얼] 吉凶勿論호고 모다 먼져 죠짐이 잇슴니다.
地方兒鬧得大亂, 那就是不安寧。[디양얼노더짜란느쥬쓰부안닝] 地方이 騷亂흠을 곳 不安寧이라 흠니다.
他没恒有〔有恒〕産。[타메우항찬] 져는 恒産이 업슴니다.
他原來没有産業。[타웬릭메우찬예] 져는 原來 産業이 업슴니다.
日後怕不能安寧了。[싀후파부넝안닝라] 日後에 安寧치 못홀가 두렵소.
好些錢都花完了。[한셰쳰쭈화완라] 조흔 돈을 다 써바럿슴니다.
他爲人很嗇刻。[타웨신흔써커] 져

---

① 힐식호다: 刷白. 파리하다.

는 爲人이 미우 인식호오.
越多越好。[웨둬웨환] 만을슈록 더 좃습니다.
越喝越渴。[웨허웨커] 마실슈록 더 목마르오.
越走越远。[웨쥬웨웬] 갈슈록 머 음니다.
越看越奇怪的。[웨칸웨치꽤디] 볼 슈록 더 이샹흔 것이오.
我和他商量。[워히다샹량] 닉가 져로 더브러 商議홈니다.

(解) 掉下來는 落之也오, 摑은 拔也오, 哈哈嘎々는 皆 笑聲也오, 拉는 拿也오, 搚은 揪也오, 辮子는 辮髮也오, 兆는 兆朕也오, 鬧는 騷也오, 花는 費消也오, 越은「슈록」의 意오, 和는 與也오, 商量은 商議也라.

第十二課 論性、約訪

待人有點兒傲慢。[대신유뎬얼앟만] 사룸 디졉ᄒᆞᄂᆞᆫ데 좀 거만홈이 잇소.
實在慚愧的。[쯔직찬퀘듸] 참 붓쓰럽습니다.
敦厚是刻薄的對面兒。[쭌훅쓰커버듸뒈몐얼] 敦厚ᄂᆞᆫ 刻薄의 對올시다.
是甚麼緣故呢?[쓰선마웬구늬] 이게 무슨 연고오닛가?
很奇怪的事情了。[흔치꽤듸쓰칭라] 춤 이샹(괴이)흔 일이올시다.
滿口撒慌〔謊〕了。[만쿠싸황라] 입에 가득흔 것이 그짓말이올시다.
没有一句可憑〔凭〕的。[메우이쥐커펑듸] 흔 마듸 憑據홀 것이 음습니다.
嫉妒是婦女的惡習。[지두쓰뿌뉴듸어싀] 嫉妬는 婦女의 惡習이올시다.
明兒是他的父親的壽旦。[밍얼쓰타듸쀼친듸쎠단] 릭일은 져의 父親의 生辰이오.
你要拜訪去麼?[늬야오비앙취마] 로형이 차져가시겟슴닛가?
我要拜訪去。[워야오비앙취] 닉가 차져가려 홈니다.
那麼和我一塊兒走罷。[느마히워이쾌얼쥬바] 그러면 나고 흔가지① 갑시다.
送甚麼東西可以好呢?[쑹선마둥시커이하니] 무슨 물건을 보닉면 조켓슴닛가?

---

① 흔가지: 一塊兒. 함께.

牛肉、麥洒〔酒〕、鷄卵〔蛋〕都可以。[뉴쒀머[미]쮜지단쭈커이] 牛肉,麥洒[酒],鷄卵이 다 좃슴니다.

（解）滿口는 諸般 說辭의 意오, 撒慌[謊]은 僞言也오, 壽旦는 生日也오, 一塊兒는 同伴也라.

第十三課　那麽個事

那麽個事在多咱的報上有呢？[느마거쓰지뒈잔듸반썅우늬] 그런 일은 은제 新聞에 낫습듸가？
昨天的報上也有呢。[줘텐듸반썅예우늬] 어제 신문에도 낫슴니다.
那話是多咱的事？[느화쓰둬잔듸쓰] 그 말은 은제 일이오닛가？
這是前一年的事。[져쓰쳰이녠듸쓰] 이것은 一年前의 일이 올시다.
去年夏天往那兒避暑去了？[취녠쌰텐왕나얼쎄슈취라] 去年 여름은 어듸 가셔 避暑ᄒᆞ셧슴니가？
上五香山去來着。[썅우썅산취릭져] 오향산에 갓다가 왓슴니다.
今年也要去麽？[진녠예야취마] 今年에도 가시겟슴닛가？
這趟我要海水澡去。[져탕워야히쉬쟈오취] 이번에는 나는 海水澡을 가겟소.
剛跑去的是誰啊？[깡퐈취듸쓰쉬아] 지금 다라 나간 이는 누구오닛가？
我總沒理會了。[워중메리회라] 나는 조곰도 몰낫슴니다.
我的話都懂了麽？[워듸화쭈둥라마] 내 말을 다 아심닛가？
竟聽得出一半兒來。[징팅더추이쌘얼릭] 겨우 반씀 듯슴니다.

（解）報는 新報也오, 這趟은 今番也오, 剛은 方今也오, 跑는 逃也오, 沒理會는 漠然不知의 意也라.

第十四課　氣球

你看過氣球了麽？[늬칸궈치추라마] 로형 輕氣球를 보셧슴닛가？
前年德國軍隊帶那個來了。[쳰녠더궈쮠뒈띠나거릭라] 前年에 德國 軍隊가 가지고 왓슴니다.
你知道昨夜的地動不知道？[늬지

단줘예듸듸쭝부지단] 로형이 昨夜의 地震을 아셧소 모르셧소?
睡覺來着, 甚麽都不知道。[쉐쟈오릐져선마쭈부지단] 자고 잇셔셔 아무 것도 다 몰낫슴니다.
這是怎口〈麽〉做的？[져쓰전마쥐듸] 이것은 엇더케 만든 것이오?
好好兒的想一想罷。[하오하얼듸샹이샹바] 잘 흔 번 싱각ᄒ시오.
近來頭趟車是甚麽時候兒開？[진릭투탕쳐쓰선마시훠얼캐] 요세 첫차는 몃 시에 써남닛가?
打昨天改了早起六點鐘了。[따줘

텐긔라쟈오치루뎬중라] 어제부터 아츰 여섯 시로 곳쳣슴니다.
你怎麽那麽納悶的？[늬전마느마느먼듸] 로형은 웨 그러케 울민ᄒ시오?
因爲有懸心的事出來。[인웨우셴신듸쓰추릭] 걱정되는 일이 싱긴 신둙이오.
原是怎麽個意思呢？[웬쓰전마거이스늬] 원릭 무슨 의스오닛가?
我也是爲難着呢。[워예쓰웨난쟈늬] 나도 이 어렵슴니다.

（觧）氣球는 輕氣球也오, 地動은 地震也오, 睡覺은 睡眠也오, 頭盪車는 一番車也오, 納悶은 鬱悶貌오, 懸心은 心慮也오, 原是는 原來의 意라.

第十五課　革職

他是被革職的麽？[타쓰뻬쩌즤듸마] 져는 免職이 되얏슴니가？
不是, 自己願意辭差的。[부쓰즈즤웬이츠치듸] 아니오. 自己가 請願辭職홀 것이오.
從前在陸軍的人罷？[츙쳰재루쮠듸신바] 젼에 陸軍으로 잇든 사름이오닛가？
是個馬隊的大尉。[쓰거마뒈듸따웨] 네, 馬隊의 大尉이엿슴니다.
是被休職的麽？[쓰뻬시우즤듸마] 休暇이 되얏슴니가？

不是, 編入豫〔預〕備役的。[부쓰펜수위뻬이듸] 아니오. 豫〔預〕備役으로 編入ᄒ얏소.
明年可以入士官學校麽？[밍녠커이수쓰관쌰오쟈마] 明年은 士官學校에 드러가겟지오？
大槩可以入罷。[따기커이수바] 大槩는 드러가겟슴니다.
在那兒的聯隊裏？[재느얼듸롄뒈리] 어느 聯隊 안에 잇슴닛가？
聽說是在姓鄧的聯隊裏。[팅쉬쓰재싱등듸롄뒈리] 드르니 鄧氏의

聯隊 안에 잇다 ᄒ오.
電氣的學問在那兒可以學呢？ [뎐치듸쓘윈지나ㅣ얼커이쓘늬] 뎐긔의 學問은 어듸셔 비홈닛가?
在工業學校教罷。 [짜궁예쏘[쏜]쟌쟌바] 工業學校에셔 가르치지오.

聽說南京有打仗, 是真的麼？ [튕쉬 는진위짜장쓰쩬듸마] 드르니 南京에 戰亂이 잇다ᄒ 참말이오닛가?
不錯, 現在有革命黨的打仗。 [부춰쎈지위쩌밍당듸짜장] 틀니지 안소. 지금 혁명당이 잇셔 싸홈니다①.

（解）打仗은 戰爭也오, 眞的는 實語也라.

第十六課　天氣冷

天氣冷了。[텐치렁라] 일긔가 춥습니다.
得多燒炕。[더뒤쏴캉] 온돌을 째여야 ᄒ겟소.
這個炕上都有席。[저거캉양쑤위시] 이 온돌 우에는 돗이 잇슴니다.
把鋪蓋疊起來罷。[쌔푸ᄭᅵ데치리바] 이부ᄌ리 것어 치시오.
椅子壞了。[이ᄯ홰라] 교의가 ᄭᅵ졋슴니다.
快快的點燈罷。[쾌쾌듸뎐덩바] 얼는 등불 켜시오.
給我一把刀子。[쎄워이쌰딴ᄯ] 내게 칼 ᄒᆫ ᄌᆞ로② 쥬시오.
飯鍋是煮飯用的。[앤궈쓰주앤융듸] 솟은 밥 짓는 데 쓰는 것이올시다.
零用的傢伙是酒盅、碟子、盤子等類哪。[링융듸쟈훠쓰쥬즁뎨쓰판쓰덩뤼나] 허드릭로 쓰는 세간은 酒鐘, 졉시, 소반 等類이구려.
他麼不會拉絲。[타마부회라쓰] 져 스름이면 ᄭᅮᆷ질거리지 안슴니다.
那就是冒失了。[나쥬쓰맛시라] 그것은 곳 실슈올시다.
他不是蠢笨的麼？[타부쓰춘쌘듸마] 져 스름이 어리셕은 이가 아니오닛가?
心裏沒累是舒服。[신리메레쓰우얙] 마음에 累가 업슴이 편ᄒᆫ 것이오.

---

① 싸호다: 打仗. 싸우다.
② ᄌᆞ로: 把. 자루.

（解）炕은 支那人의 溫突也오, 鋪盖는 衾枕也오, 飯鍋는 鼎也오, 傢伙는 汁物也오, 拉絲는 延緩不快貌오, 冒失은 過失也오, 蠢笨은 愚蠢也오, 舒服은 便安也라.

第十七課 萬歲爺

皇上又稱萬歲爺。[황썅위청완쒜예] 皇上을 또 萬崴[歲]爺라고도 홈니다.

皇宮裏頭都筭禁地。[황궁리투쭈쏸진디] 皇宮은 모다 禁地가 됨니다.

民人犯了大罪, 皇上隨時酌情寬免了, 那是恩典。[민신앤랴쨔웨 황썅쒜시쥬칭콴몐랴나쓰언뎬] 人民이 大罪를 犯홈을 皇上이 時를 隨호야 事情을 叅酌호야 免罪홈은 恩典이올시다.

受恩赦罪之後, 再爲犯罪, 實在難免死罪。[쓔[쓔]인[언]셔웨즤후 얶웨앤웨 시얺난몐쓰웨] 恩典을 밧어 赦罪호 後에 다시 犯罪호면 참 死罪를 免키 어렵소.

賊匪湊得多了。[제페쵿더둬랴] 匪徒가 마니 몰켯슴니다.

因爲强暴混亂, 良民也活不了。[인웨챵봔훈롼량민예휘부랴] 强暴가 混亂홈으로 良民도 살 슈가 업슴니다.

孔夫子是萬世之師表。[쿵왁쯔쓰완쒸즤싀뱌] 孔夫子는 萬世의 師表올시다.

公事原是官事, 大衆的事也謂之公事。[궁쓰웬쓰관쓰따즁듸쓰예웨즤궁쓰] 公事는 원리 官事이지마는 公家의 일도 公事라고 홈니다.

説自己家裏的事情就是私事。[쉬쯔지쟈리듸쓰칭쥭쓰쓰쓰] 自己 집 일을 말호랴면 곳 私事라홈니다.

（解）寬免은 宥恕也오, 賊匪는 匪徒也오, 湊는 相聚也오, 混亂은 騷亂也오, 師表는 師傅也오, 大衆은 衆人也라.

第十八課 定不了

那是我一個人定不了。[나쓰워이거신띵부랴] 그것은 나 혼자 決定홀 슈가 업소.

我不能保。[워부넝뱌] 나는 保證

홀 슈 업소.
現在一時想不起來。[쎈지이시샹부치릭] 지금 당장에는 싱각이 나지 안소.
告刑司衙門倒好了。[까오싱쓰야먼닫하라] 裁判所에 告訴ᄒᆞ는 것이 좃습니다.
本地有幾個銀號？[쎤듸유지거인환] 當地에 銀行이 몟이 잇슴닛가？
有十個多銀號。[유시거둬인환] 十餘 個 銀行이 잇습니다.
他是過於狡猾。[타쓰궈위쟈훠] 져는 狡猾에 지남니다(大猾의 意라).
昨兒晚上定了約的。[쥐얼완썅띵라워[웨]듸] 어제 젼역 써 約束을 定ᄒᆞ엿습니다.
交他以來有十年。[쟈오타이릭위시녠] 져와 교졔ᄒᆞᆫ 지 十年이 되엿

소.
都托先祖之餘福。[쭈튁쎈쥬즤위푝] 다 先祖의 음덕이겟소.
那是不錯的。[나쓰부쳐듸] 그것은 그럿습니다.
謝儀送多少了可以呢？[쎼이쑹둬샤오커이늭] 報酬는 을마나 보닉면 조켓슴닛가？
商量一回再跟您説。[샹량이회지껀닉[닌]쉬] 디강 이약이ᄒᆞ다가 말슴ᄒᆞ겟소.
全忘了。[촨왕라] 다 이젓습니다.
必定是那麽樣。[삐띵쓰나마양] 꼭 그러켓지오.
總没理會。[쭝메리회] 도모지 싱각이 나지 안소.
喜歡的了不得。[시환듸랴부더] 질겁기가 칭량업소①.
生氣不生氣？[썽치썽부[뿌썽]치] 怒ᄒᆞ엿소 怒치 아니ᄒᆞ엿소？

（解）保는 保證也오, 刑司는 裁判所也오, 餘福은 餘蔭也오, 謝儀는 報酬也오, 必定은 確然也오, 了不得은 不盡의 意오, 生氣는 怒也라.

第十九課 獸、魚

聽説象是印度那兒很多。[팅쉬샹쓰인두나얼흔둬] 드르니 象은 印度 거긔 믹우 만타 ᄒᆞ오.
蒙古那兒有很多的駱駝和羊罷。

[멍구나얼유흔둬듸뤄퉈히양바] 蒙古에 믹우 만는 것은 駝와 羊이겟소.
羊毛往外國出口。[양모왕왜궈추

---

① 칭량없다: 了不得. 측량없다. 한이나 끝이 없다.

퀴] 羊의 毛는 外國으로 輸出홈 니다.

你看见狮子麽?[뇌칸젠싀쓰마] 로 형이 狮子를 보앗슴니가?

我還没看见狮子了.[워히메칸진 싀쓰라] 나는 아즉 狮子를 못 보 앗슴니다.

我不很吃鱔魚.[워부흔치싼위] 나 는 빔장어는 너무 먹지 안소.

鴨子和鷄我很吃.[야쯔히지워흔 츼] 오리와 돍은 내가 미우 잘 먹소.

鯉魚和大頭魚我呀愛吃.[리위히 쨔투위워야애츼] 리어와 도미는 나도 잘 먹슴니다.

猪肉比牛肉不好吃.[주쏴쎄뉴쏴 부화츼] 져육은 우육보다 먹기 조치 안쇼.

可是我比牛肉愛吃.[커쓰워쎄뉴 쏴애츼] 그러나 나는 우육보다 잘 먹슴니다.

你吃蝦米不吃?[뇌츼샤메부츼] 로 형 식우를 잡슈시오 아니 잡슈시 오?

不穀青菜很爲難.[부구칭치흔웨 난] 菜蔬가 부족ᄒ야 미우 어렵 소.

茶和咖啡都穀了.[차희쩌예쭈구 라] 茶와 가비^①는 다 넉넉ᄒ오.

你愛牛奶不愛?[늬애부내부애] 로 형 牛乳를 조아ᄒ심닛가?

(解) 出口는 輸出也오, 蝦米는 蝦也오, 穀는 足也오, 牛奶는 牛乳也라.

第二十課 不乏了

不乏了麽?[부애라마] 곤치 안슴 닛가?

很乏了.[흔애라] 미우 困疲ᄒ오.

怎麽告暇〔假〕了麽?[전마쏘즈 라마] 웨 작별ᄒ엿슴닛가?

我鄉下去.[워쌍샤취] 나는 시골 가오.

別喝酒.[쎄허쥬] 술 마시지 마르 시오.

不會喝酒.[부회허쥬] 술 먹을 쥴 모르오.

於身體有害.[위쎤틔우히] 몸에 害가 잇슴니다.

请大夫瞧了麽?[칭쨔ᄋᆢ챠라마] 의 원을 請ᄒ야 보앗슴니가?

着點兒凉了.[쟈뎬얼량라] 感氣 좀 드럿슴니다.

渾軍〔身〕酸痛.[훈쎤쏸퉁] 全身

---

① 가비: 咖啡. 커피.

이 져리고 압흐오.
可以吃藥。[커이치얀] 약 먹어야 ᄒᆞ겟소.
賣藥也有效驗。[믜야예우샨쎤] 파는 약도 效驗이 잇슴니다.

颸〔颰〕大風。[콰쟈ᅇᅠᆼ] 큰 바름이 붐니다.
不能走。[부능쥬] 갈 슈 업소.
歇着罷。[쎼져바] 쉬입시다.

(解) 乏은 困疲也오, 颰은 吹也오, 歇은 休也라.

第二十一課 法律上에 關ᄒᆞᆫ 名詞

公法[궁얘] 공법
民法[민얘] 민법
行政法[싱징얘] 힝졍법
加害者[자히져] 가히즈
債務者[지우져] 치무즈
打官司[짜관스] 졍쇼
密告[미ᄁᆞ] 밀고
論告[룬ᄁᆞ] 론고
私法[스얘] ᄉᆞ법
刑法[싱얘] 형법
原告[웬ᄁᆞ] 원고
被害者[쎄히져] 피히즈
當事者[당쓰져] 당ᄉᆞ즈
告官[ᄁᆞ관] 고관
辯論[벤룬] 변론
公判[궁빤] 공판
憲法[쎈얘] 헌법
商法[샹얘] 상법
被告[쎄ᄁᆞ] 피고
國際法[궈치얘] 국제법
債權者[지꽌져] 치권즈
告發[ᄁᆞ얘] 고발

辯護[벤후] 변호
抗告[항ᄁᆞ] 항고
豫〔預〕審[위신] 예심
無罪[우죄] 무죄
有罪[워죄] 유죄
宣告[쎈ᄁᆞ] 션고
會審[회신] 회심
入官[수꽌] 沒入
差押[치야] 차압
處分[추ᄋᆞᆫ] 처분
搜索[싀사] 슈삭
和解[허졔] 화히
拘留[쥐루] 구류
禁錮[진구] 검고
懲役[징예] 증역
死刑[쓰싱] 사형
殺人[쌰신] 살인
强盜[창ᄃᆞ] 강도
誣告[뭐ᄁᆞ] 무고
賭博[두쌔] 도박
放火[ᅇᅡᆼ훠] 방화
僞證[위증] 위증

收賄[쉬회] 슈회   訊問[신운] 신문
口供[쿼궁] 구공   放免[빵몐] 방면
贓品[장핀] 장품   賠像[페샹] 빈상
瀆職[두지] 독직   歐〔毆〕打[워싸] 구타
創傷[창샹] 창상   證據[징쥐] 증거
大赦[짜샤] 대샤   詐欺[사지] 사기
保釋[보시] 보셕   科料[궈랴오] 과료

第二十二課 醫病에 關흔 名詞

大病[짜빙] 대병   疥癬[졔션] 옴
熱病[서빙] 열병   天花[텐화] 마마
肺癆[페랴오] 폐병   楊梅瘡[양몌챵] 민독
疑心瘋[이신옝] 憂鬱病   疳[간] 감질
着凉[쟈량] 감긔   疝氣[싼치] 산징
發燒[와샤오] 발열   淋病[린빙] 림질
寒疾[한지] 오한   中風[즁옝] 즁풍
發汗[와한] 발한   凍瘡[둥창] 동창
咳嗽[키쑤] 힉소   痔[치] 치질
頭疼[터텅] 두통   小産[샤오찬] 流産
下痢[쌰리] 셜스   鼻衄[쎼누] 코피
嘔吐[워투] 구토   麻子[마쯔] 곰보
肚痛[두퉁] 복통   一雙〔隻〕腿[이지퉤] 결둑바리
暈船[쉰촨] 빅 멀미   逆呃〔呃逆〕[이치[어늬]] 쏠곡질
疝〔絞〕腸痧[쟈창시[사]] 호열즈   膿[눙] 고름
喘息[촨시] 숨찬병   血[쎼] 피
瘟疫[운이] 流行病   瞎[쌰] 소경
癨〔霍〕亂[궈란] 곽란   瘸[우[췌]] 안즘방이
黃疸[황짜] 황달   蟲吃牙[츙츼야] 츙치
癩瘡[라챵] 문둥병   聾[룽] 귀 먹어리
癥[지] 젹병   腫物[즁우] 종긔
癲癎[뎬간] 간질   切創[계창] 잘너님

診察[쳔차] 진찰   診斷[쳔단] 진단
注射[쥬사] 쥬사   治療[지랴오] 치료
手術[숴수] 슈술   負傷[뿌샹] 부상
解剖[졔폰] 히부   切開[졔캐] 버혀님

第二十三課 神佛에 關호 名詞

佛廟[쀼먀오] 寺   齋戒[지지] 직계
尼姑廟[니구먀오] 녀승방   信心[신신] 신심
和尚廟[허샹먀오] 남승방   天主教[텬주쟈오] 天主教
神廟[신먀오] 신사당   道教[다오쟈오] 老子教
僧侶[싱뤼] 승려   耶穌教[예수쟈오] 야소교
尼姑[니구] 녀승   安息日[안시ᄅᆞ] 안식일
方丈[ᄬᅡᆼ쟝] 즁의방   神巫[신우] 무당
珠數[쥬수] 念珠   幽魂[위훈] 독갑이
香錢[샹쳰] 향젼   華表[화뱌오] 홍살문
齋飯[지얜] 짓밥   城隍廟[쳥황먀오] 셔낭집
聲杖[셩쟝] 錫杖   法會[ᄋᆡ회] 祭

第二十四課 軍事上에 關호 名詞

根據地[ᄅᆞ쥐듸] 근거디   驅逐艦[쥐추한] 구축함
艦隊[한뒈] 함대   巡洋艦[쉰양한] 슌양함
碇泊[띵쀼] 뎡박   水雷艇[쉐레딍] 슈뢰뎡
艦旗[한치] 함긔   速射炮[수샤퍄오] 속사포
探海燈[탄희덩] 탐희등   甲鐵艦[쟈틔한] 텰갑션
水兵[쉐빙] 슈병   信號[신하오] 신호
艦長[한쟝] 함쟝   媾〔講〕和[쟝훠] 강화
司令官[스링관] 스령관   休戰[쉐졘] 휴젼
魚形水雷[위싱쉐레] 어형슈뢰   俘虜[쀼루] 포로
機械水雷[지치쉐레] 긔계슈뢰   投降[퉈항] 투항
潛行艇[쟌싱딍] 잠힝뎡   陣亡[쪈망] 戰死

陸軍[루쥔] 륙군　　　　　將官[쟝관] 쟝관
步隊[부뒈] 보병　　　　　士官[쓰관] 사관
馬隊[마뒈] 마병　　　　　軍醫[쥔[쮠]이] 군의
炮隊[퐈뒈] 포대　　　　　參謀[찬먀] 참모
工兵[궁삥] 공병　　　　　副官[﨑관] 부관
旅團[뤼돤] 려단　　　　　傳令[뎐링] 젼령
師團[쓰돤] 사단　　　　　哨探[챠탄] 斥候
聯隊[롄뒈] 련대　　　　　炮臺[판[퐈]대] 포대
大隊[따뒈] 딕딕　　　　　彈藥[판[탄]야] 탄약
中隊[즁뒈] 즁대　　　　　號令[하링] 호령
小隊[쌰뒈] 소대　　　　　夜襲[예시] 야습
分隊[뽠뒈] 분대　　　　　追擊[춰씨[지]] 추격
大元師〔帥〕[따웬쉬] 딕원슈　軍刀[쥔다오] 군도
大將[따쟝] 대장　　　　　肯〔背〕囊[베낭] 배랑
提督[듸쭈] 中將　　　　　帳房[쟝빵] 軍幕
總兵[즁삥] 少將　　　　　奸細[간시] 間諜
參將[찬쟝] 大佐　　　　　伏兵[﨑삥] 복병
都司[쑤스] 中佐　　　　　攻擊[궁지] 공격
游擊[위지] 少佐　　　　　包圍[쌰웨] 포위
守備[쇼쎄] 大尉　　　　　防禦[빵위] 방어
千總[쳰즁] 中尉　　　　　鐵條網[테탸망] 털조망
把總[쌔즁] 少尉　　　　　突擊[두지] 돌격
軍曹[쥔짜] 군조　　　　　退却[퉤쳐] 퇴각
上等兵[상덩삥] 상등병　　流丸[류완] 류환

第二十五課　電報局

借光, 借光, 電報公司在那兒哪?　在這胡同路南了. [지져후퉁루난
　[졔광졔광뎬뽜궁쓰지나얼나]　　라] 이 골목에 잇슴니다.
　용셔ᄒᆞ시오. 電報局이 어듸 잇슴　你要打電報去麽? [늬야오다뎐뽀취
　닛가?　　　　　　　　　　　　마] 로형 電報 노러 가심닛가?

是, 我要打電報去了。 [쓰워야짜뎬 반취라] 네, 나는 電報 노러 가려 홈니다.

那麼和我一塊兒去。 [나마화워이 쾌얼취] 그러면 나하고 갓치 갑시다.

很好, 很好。 [흔환흔환] 미우 죳소. 미우 죳소.

你有甚麼貴幹? [늬워선마쮜깐] 로형 무슨 일이 잇슴잇가?

我是打電報來了。 [워쓰짜뎬반리라] 네, 나는 뎐보 노러 왓슴니다.

是打到那兒去的呢? [쓰짜다나얼 취듸니] 어듸로 노으실 터이오니까?

是日本大阪地方了。[쓰씨쌘짜반 듸팽라] 네, 日本 大阪 디방이올시다.

那一位是? [나이위쓰] 져 분은 이 어듸로?

我是中國上海去的。[워쓰즁궈양 히취듸] 나는 中國 上海로 노흘 것이오.

電報費是要多少錢? [뎬반예쓰얃 뒤샨쳰] 젼보비는 을마오닛가?

三個字一角錢了。[싼거쯔이쟈쳰 라] 三個字에 十錢이오.

這上海去的, 通共十二個字, 筭得 是四角錢。 [져양히취듸퉁궁시 얼거쯔쏸더쓰쓰쟈쳰] 이 上海 갈 것은 모다 十二字이니 合計가 四十錢이올시다.

（解）公司는 局의 意오, 貴幹은 事故也오, 通共은 合也오, 一角은 十錢 也라.

第二十六課 游約

您怎麼這麼閒在呀? [닌전마져마 쎤짜야] 로형은 엇지 이러케 한가하시오?

今天是禮拜, 所以整天閒在呀。 [진뎬쓰리빅쉬이쪙 뎬쎤짜야] 오날은 空日임으로 終日한가홈 니다.

啊！巧了, 我也今天没有事情。 [아챠라워예진뎬메우쓰칭] 아, 공교호오. 나도 오날 일이 업슴 니다.

那麼咱們溜達逛去罷。[나마자먼 루짜꽝취바] 그러면 우리 散步 나 갑시다.

好的, 您要上那兒去呢? [화듸닌 야양나얼취늬] 죳소. 로형 어듸로 가시려 ᄒᆞ시오?
那東大門外頭怎麼樣？[나둥따문왜투전마양] 져 東大門外가 엇덧슴닛가?
在那兒有甚麼可看的好景致麼？[지나얼위선마커칸듸환징지마] 거긔 무슨 볼 만ᄒᆞᆫ 조흔 景致가 잇슴닛가?
那原不是多有寺院的地方兒了麼？[나웬부쓰둬위쓰웬듸듸ᅘᅣᆼ얼라마] 그곳이 원릭 寺院이 多ᄒᆞᆫ 地方이 아니오닛가?
現在春暖花香的時候，一定是更好看了罷？[쎈ᄌᆡ츈난화쌍듸시훠이딍쓰껑환칸라바] 지금은 春暖花香ᄒᆞᆫ 쩌라 쏙 보기가 더 좃슴니다.
那麼，咱們這就走罷。[나마자면져쥐쪼바] 그러면 우리가 이리 곳 갑시다.

（解）禮拜는 空日也오, 溜達은 散步也오, 俗們은 我等也오, 走는 徃也라.

第二十七課　餞送

好啊，您納！[화아넌나] 웃더시오, 로형？
托福，托福。[퉈얖퉈얖] 덕틱으로 잘 잇슴니다.
這一向您好啊。[져이샹넌화아] 요시 웃더시오닛가?
我好。[워환] 나는 잘 잇슴니다.
請坐，喝茶罷。[칭쥐허차바] 안즈시오. 차 잡슈시오.
多謝，多謝。[둬쎼둬쎼] 고맙슴니다.
聽説你今天起身要下鄕去，所以我就給您送行來了。[팅쉬늬진텐치션야쌰썅취쉬이워쥐게닌츙싱릭라] 드르니 로형이 오날 시골 써나신다 ᄒᆞ기로 그리셔 작별 왓슴니다.
勞駕，勞駕。[란자란자] 수구올시다.
您實在多禮了。[닌시ᄌᆡ둬레라] 로형 참 례가 만슴니다.
該常〔當〕的。[ᄀᆡ당듸] 의례 그러ᄒᆞᆯ 일이지오.
您要走的總有多少里路呀？[닌야쥬듸즁위둬샨리루야] 로형 가실 데가 모다 몃 리나 됨닛가?
通共筭起來有三百五十多里的光景罷。[퉁궁쏸치릭위싼빅우시둬리듸쫭징바] 모다 계산ᄒᆞ면 삼빅오십 리 쯤이나 되겟슴니다.
連來帶去，總得要多少日子呢？[롄릭ᄃᆡ취중데야둬샨이쯔늬]

왕반에 몟칠이나 되겟슴닛가?
少也不下倆多月的光景罷。[샤오예부쨔랴뒤웨듸광징바] 격어도 두어 달 되겟슴니다.
可是還有個伴兒麽? [커쓰히우거쌴얼마] 同行이 잇슴니가?
還有打幇的走〔走的〕一位朋友了。[히우따썅쪼듸이위엉우라] 同行홀 친구 한 분이 잇슴니다.
那更好罷。[나겅핫바] 그러면 더욱 조켓소.

我這就要起身了。[워져쥬얃치썬라] 나는 여긔셔 곳 써나겟슴니다.
別送, 別送。[베슝베슝] 젼숑 마시오.
不送, 不送。[부숑부숑] 젼숑치 안슴니다.
請您一路平安罷。[칭닌이루핑안바] 쳥컨듸 一路에 平安히 가시오.

(解) 起身은 發程也오, 該當的는 當然也오, 連來帶去는 徃返也오, 倆多月은 數月也오, 打幇은 同伴也오, 別送은 勿餞也오, 不送은 不餞也라.

第二十八課　語學

你會説英國話麽? [늬회쉬잉궈화마] 로형이 英語를 아심닛가?
略會一點兒。[뤼회이뎬얼] 되강 좀 암니다.
學了有幾年了? [쑈라우지녠라] 몟 히 빈호셧슴니가①?
學了有五年了。[쑈라우우녠라] 오 년 빈호엇슴니다.
現在忘了多一半兒了。[쎈지왕라둬이쌴얼라] 지금은 반이나 더 이졋슴니다.

先生是英國人了麽? [쎈썽쓰잉궈신라마] 션싱은 영인②이오닛가?
是英國人了。[쓰잉궈신라] 네, 영국 사람이 올시다.
英國話和日本話是那個難學呢? [잉궈화히이쎈화쓰나거난쑈늬] 영어와 일어에 웃더흔 것이 빈호기 어렵슴닛가?
我看是英國話難學。[워칸쓰잉궈화난쑈] 내가 보건듸 영어가 빈오기 어렵쇼.

① 빈호다: 學. 배우다.
② 영인: 英國人. 영국인(英國人).

學法國話不學? [쏘얘귀화부쏘] 법어①는 아니 비왓심닛가?

目下學着哪。[무쌰쏘져나] 지금 비홉니다.

比英國話不難麽? [쎄잉귀화부난마] 영어보다 어렵지 안슴닛가?

比英國言〔話〕難。[쎄잉귀화난] 영어에 비ᄒᆞ야 셔는 어렵소.

(解) 目下는 現在也라.

第二十九課 官衙에 關ᄒᆞᆫ 名詞

衙門[야먼] 아문
內閣[내쎄] 내각
法部[얘부] 법부
戶部[후부] 호부
刑部[싱부] 형부
度支部[두지부] 탁지부
兵部[빙부] 병부
學部[쑈부] 학부
農部[능부] 농부
商工部[샹궁부] 상공부
道台[돠태] 府知事
知縣[지쎈] 郡守
議長[이쟝] 의장
巡捕[쉰부] 슌포
幫辦[양쌘] 取締役
技師[지스] 기사

總辦[즁쌘] 頭取
站長[잔쟝] 驛長
董事[등쓰] 重役
兵學堂[빙쑈탕] 武官學校
欽差公館[친치궁관] 흠차공관
領事公館[링쓰궁관] 령사공관
海關[히관] 히관
監獄署[졘위쒀] 감옥셔
郵政局[워징쥐] 우편국
電報局[뎬보쥐] 뎐보국
樞密院[쑤미웬] 추밀원
巡警分局[쉰징펀쥐] 分泒[派]所
博覽會[쎄른회] 박람회
動物園[뚱우웬] 동물원
植物園[즥우웬] 식물원
養育院[양위웬] 양육원

第三十課 郵便、銀行에 關ᄒᆞᆫ 名詞

信票[신퍄오] 郵票
印花紙[인화즤] 印紙
明信[밍신] 葉書

信[신] 片紙
來回明信片[래회밍신펜] 徃復葉書
挂號[꽈한] 登記

---

① 법어: 法國話. 프랑스어.

寄物[기우] 小包　　　　　　擔保[짠바오] 擔保
存款[춘콴] 貯金　　　　　　匯票(對條)[회퍄오(뒈탸오)] 換票
支取[즈취] 支出　　　　　　銀票子[인퍄오쯔] 紙幣
匯銀[회인] 換錢　　　　　　本錢[뻔쳰] 本錢
用錢[융쳰] 口文　　　　　　股東[꾸둥] 株主
寄(發)信人[지(예)신신] 送札人　該錢[싀쳰] 負債
收信人[쉬신신] 收札人　　　借給錢[졔께쳰] 貸付金
電報紙[뎬바오즈] 電報紙　　利息[리시] 利子
電話(獨律風)[뎬화(쭈레펑)] 電話　虧空[퀘쿵] 損失
筭帳[쏸장] 會計　　　　　　總局[중쥐] 總局
結賬[졔쟝] 結算　　　　　　信錢(費)[신쳰(폐)] 郵費
股票[꾸퍄오] 株券　　　　　電費[뎬폐] 電費
分利[쩐리] 配當利益　　　　電桿[뎬깐] 電桿木
盈餘[잉위] 損失　　　　　　銀錢[인쳰] 銀錢

以上 三十 課 中 課名은 或 全課의 意義가 相通ᄒᆞᄂᆞᆫ 者는 特히 總括ᄒᆞ야 課名을 作ᄒᆞ고 散語가 相聚ᄒᆞ야 撮合키 難ᄒᆞᆫ 者는 課中 第一行 中 字를 取ᄒᆞ야 名을 作ᄒᆞ야 노라.

第三編　問答部

第一課　洋行去

您上那兒去？［닌샹나ㅣ얼취］로형 어듸로 가시오?

到洋行去。［닫양항취］양힝①의지 감니다.

您知道不知道？［닌지단부지단］로 형 아시오 모르시오?

我還没聽見説。［워희메팅진쉬］나 는 아즉 듯지 못ᄒ엿소.

見他了麼？［진타라마］ 져 스롬을 보앗슴닛가?

昨兒早起遇見了。［줘얼쟈치위진 라］어졔 아츰에 만낫슴니다.

甚麽時候兒在家呢？［선마시훠얼 지쟈넌］어느 시에 되에 계심닛 가?

大槪下午五點鐘在家。［따기쌰우 우뎬즁지쟈］듸개 ᄒ오 다셧 시 에 집에 잇소.

第二課　今幾日

今兒個是幾兒了？［진얼거쓰지얼 라］오날이 몟칠이오닛가?

今兒是七月初十。［진얼쓰치웨추 시］오날은 칠월 초열흘이오.

天氣怎麽樣？［텬치젼마양］일긔가 웃덧슴닛가?

我想怕下雨。［워샹파쌰위］내 싱 각에 비가 올 듯 십소.

商量好了没有？［쌍량ᄒ라메우］의 론이 잘 되엿소 아니 되엿소?

還没定規。［히메띵풰］아즉 질졍 이 못되엿소.

不睡覺麽？［부쉐쟈마］졸니지 안 슴닛가?

還不睏哪。［히부쿤나］아즉 곤ᄒ 지 안슴니다.

剩了多少？［쳥라둬쌷］을마나 남 엇슴닛가?

剩了有四五個。［쳥라읻쓰우거］네 다셧 기 남엇슴니다.

不給我麽？［부게워마］나에게 쥬 지 안켓슴닛가?

您要就給罷。［닌야쥬게바］로형이 원ᄒ면 곳 드리겟소.

---

① 양힝: 洋行. 양행(洋行). 외국과의 무역거래를 전문으로 하는 서양식 상점.

第三課 沒來信

沒來信麼?〔메릿신마〕편지가 오지 아니ᄒᆞ엿슴닛가?
一封也到船〔沒到〕。〔이ᄫᅠᆼ예메닽〕한 장도 오지 아니ᄒᆞ엿슴니다.
船開了麼?〔촨캐라마〕빗가 ᄯᅥ낫슴닛가?
快開了。〔쾌캐라〕곳 ᄯᅥ나겟소.
賺了錢了?〔좐라쳰라〕리가 남엇슴닛가?
吃點兒虧了。〔치뎬얼퀘라〕조곰 손히 당ᄒᆞ엿슴니다.
告了麼?〔쏘라마〕고소ᄒᆞ엿슴닛가?
托訟師了。〔퉈쏭쓰라〕변호ᄉᆞ에게 위탁ᄒᆞ엿슴니다.
不冷麼?〔부렁마〕춥지 안슴닛가?
冷得慌。〔렁더황〕추워셔 못 견듸겟소.

第四課 學幾年

學了有幾年了?〔쏘라요우지녠라〕몃 히나 비웟슴닛가?
到今年算有三年了。〔닽진녠쏸요우싼녠라〕금년ᄭᅡ지 삼 년이올시다.
打算做甚麼?〔따쏸줘선마〕무엇을 ᄒᆞ시겟슴닛가?
打算要開雜貨鋪。〔따쏸야키자훠푸〕잡화상을 긔시ᄒᆞ려 홈니다.
事情都了然了麼?〔쓰칭뚜라ᄉᆞᆫ라마〕일을 다 아랏슴닛가?
大概是明白了。〔따기쓰밍비라〕ᄃᆡ강은 아랏슴니다.
是誰買的?〔쓰쉐매듸〕누가 산 것이오닛가?
是張兄買的。〔쓰쟝숑매듸〕장형이 산 것이오.
是那兒的衙門呢?〔쓰나얼듸야먼니〕어느 관쳥이오닛가?
是外務衙門。〔쓰왜우야먼〕외무아문이오.
上了門了麼?〔썅라먼라마〕문 닷엇슴닛가?
吩咐看門的了。〔얜ᄋᆜ칸먼듸라〕문직이에게 분부ᄒᆞ엿슴니다.
要回信麼?〔야회신마〕답장을 요구ᄒᆞ시오?
不要回信。〔부야회신〕답장은 원치 안슴니다.
現在要去麼?〔쎤지야취마〕지금 가시려 ᄒᆞ심닛가?
明兒早起也可以。〔밍얼쫘치예커이〕ᄂᆡ일 아츰이라도 좃슴니다.

第三編 問答部

第五課 丟了麼

丟了麼? [무라마] 이러바렷슴닛가?

他帶着哪。[타대져나] 져 스름이 가지고 잇슴니다.

聽錯的罷。[팅춰듸바] 잘못 드른 게지오.

也不定。[예부딍] 그런지도 모르겟슴니다.

給現錢麼? [게쎈쳔마] 현금을 쥬셧슴닛가?

那是自然的。[나쓰즈쇼듸] 그것은 물론이지오.

没問甚麼了麼? [메운션마라마] 아무 말도 뭇지 아니 ㅎ엿슴닛가?

問了好些個事情。[운랴핟쎼거쓰칭] 여러 가지 일을 무럿슴니다.

他是個您的朋友麼? [타쓰거닌듸 펑워마] 졔가 로형의 친구오닛가?

打去年認識的。[따취녠신시듸] 거년부터 친흔 스름이오.

在那兒住下的? [지나얼쥬쌰듸] 어듸셔 유슉홈닛가?

在這個胡同張兄家哪。[지져거후통쟝쓩쟈나] 이 골목 쟝형 집에 잇슴니다.

他是做官的麼? [타쓰줘관듸마] 졔가 관인이오닛가?

不是, 他是做買賣的了。[부쓰타쓰줘미미듸랴] 아니오. 져는 쟝스ᄒᆞ는 스름이오.

第六課 看新報

你看甚麼新報呢? [늬칸션마신빠오니] 로형이 무슨 신문을 보시오?

我看每日新報。[워칸메이신빠오] 나는 미일 신보를 봄니다.

律法是難解麼? [리얘쓰난졔마] 법률이 알기 어렵슴닛가?

没甚麼難。[메선마난] 그러케 어려울 것 업슴니다.

你學地理了沒有? [늬쑈듸리랴메워] 로형이 디리①를 빅웟슴닛가?

我學一點兒。[워쑈이뎬얼] 조금 빅웟슴니다.

差使忙不忙? [차쓰망부망] 스무가 밧부지 안슴닛가?

這兩天是忙。[져량톈쓰망] 이 몟칠은 밧부옴니다.

---

① 디리: 地理. 지리.

有甚麼事情？［위선마쓰칭］ 무슨 일이 잇슴닛가?
没甚麼事。［메션마쓰］ 별로 일은 업슴니다.

有頭緒了没有？［위투수라메위］ 두셔가 잇슴니가?
没甚麼信息。［메션마신시］ 아무 통지가 업슴니다.

六日分 學課練習（自習ㅎ야 鮮得홈을 要홈）

上那兒去？［썅나ㅣ얼취］
上學堂去。［썅쑈탕취］
聽見了麼？［팅진라마］
還没聽見了。［히메팅진라］
路上遇見了。［루썅위진라］
打了五點鐘。［따라우뎬즁］
我想怕下雪。［워썅파쌰쉐］
不睏。［부쿤］
剩了有三四個。［청라우싼쓰거］
一封信。［이쭁신］
今兒早起開船了。［진얼쟈오치키촨라］
賺〔賺〕錢。［좐첸〕
虧了。［퀘라］
不要告。［부야쏘］

已經托訟師了。［이진퉈쑹쓰라］
悶得慌。［먼더황］
打算要開綢緞鋪。［따쏸야캐쳐단푸］
甚麼事情。［슴마쓰칭］
上衙門去。［썅야먼취］
他没帶着了。［타메대져라］
聽錯的罷。［팅춰듸바］
做官的。［쥐［줘］꽌듸］
我學了一點兒不多。［워쑈라이뎬얼부둬］
忙不忙？［망부망］
忙得很。［망더흔］
没有頭緒了。［메위투슈라］

第七課 單語（天文）

天［톈］ 하날
天上［톈샹］ 공즁
太陽［태양］ 해
日頭［싀투］ 해
月亮［웨량］ 달
星星上〔兒〕［싱싱얼］ 별
雲彩［윈치］ 구름
雪［쉐］ 눈

霜［쐉］ 셔리
雹子［보쯔］ 우박
雨［위］ 비
霧［우］ 안기
露水［루쉬］ 이슬
風［펑］ 바람
冰楞［삥렁］ 고도룸
虹［쌍］ 무지개

閃[싼] 번기
雷[레] 우뢰

晴[칭] 기임
陰[인] 그늘

第八課　不餓麽

不餓麽?[부어마] 시장호지 안슴닛가?
我還不餓。[워히부어] 나는 아즉 시장치 안소.
貴恙怎麽了?[귀양전마라] 병환이 웃더호심닛가?
還没好哪。[히메호나] 아즉 완젼이 낫지 못호엿소.
叫他買點心麽?[쟈타미뎬신마] 과즈 사오게 호릿가?
我不愛吃甜的。[워부애치톈듸] 나는 단것 먹기를 조와호지 안소.
就這麽些個彀麽?[쮸져마쎄거꾸마] 이것만 가지면 족호겟슴닛가?
有那麽些個有餘的。[우나마쎄거우워듸] 그것만 호면 남슴니다.
使得了這麽些個麽?[쓰더랴져마쎄거마] 이러케 마니 쓰심닛가?
這就還不彀哪。[져쮸히부꾸나] 이러호야도 부족되오.
有中意的没有?[우즁이듸메우] 마음에 맛는 것이 잇슴닛가?
没一個中意的。[메이거즁이듸] 마음에 맛는 것은 하나도 업소.

第九課　慈悲人

他是個慈悲人。[타쓰거츠예신] 져는 자비한 사람이오.
頗有慈善之心。[퍼우츠쌴즤신] 매우 자션심이 잇슴니다.
和他有交情麽?[해타우쟈칭마] 져와 교제가 잇슴닛가?
還不認得的。[해부신더듸] 아즉 알지 못함니다.
得小心小心。[데쑈신쑈신] 조심조심하시오.
那不用說的。[나부융숴듸] 말삼하시기쌔지 아니올시다.
你知道他的皮〔脾〕氣麽?[늬지단탁듸피치마] 로형 이제 셩질을 아심닛가?
略聽見說的。[뤄팅쟨숴듸] 대강 말을 들엇슴니다.
你不爽快麽?[늬부쌍쾌마] 로형이 유쾌치 안슴디다[닛가]?
我覺着非常的爽快。[워쟈져예챵듸썅쾌] 매우 유쾌하게 암니다.
是個正直的人了罷?[쓰거졍긔듸

신라바] 졍즉한 사람이지오?
人很好。[신흔환] 사람이 매우 좃슴니다.
恭恭敬敬的作個揖罷。[꿍꿍징징 듸줘거이바] 공경이 인亽ᄒ시오.
遵命了。[윤밍라] 그리ᄒ오리다.

第十課 豪傑

豪傑是說甚麼樣兒的人？[후졔쓰쉬선마양얼듸신] 호걸이라홈은 무슨 사ᄅᆞᆷ이오닛가?
是說比平常人還偉勝的人。[쓰쉐쎄평장신히위싱듸신] 예ᄉ 사ᄅᆞᆷ보다 우승ᄒᆞᆫ① 사ᄅᆞᆷ을 이름이오.
原來是不對勁兒的麼？[웬래쓰부뒈징얼마] 원릭 불화(不和)ᄒᆞᆫ 사이오닛가?
從前很有交情的了。[츙쳰흔위쟈칭듸라] 젼브터 미우 의가 조흡니다.
我還不認識這個人。[워히부신시져거신] 나는 아즉 그 사ᄅᆞᆷ을 아지 못ᄒᆞᆷ니다.
很美情的好人。[흔위칭듸환신] 미우 친졀ᄒᆞᆫ 조흔 사ᄅᆞᆷ이오.
明兒一同拜訪他罷。[밍얼이퉁비앵타바] 릭일 한가지 져를 심방갑시다.
跟閣下罷。[끈꺼쌰바] 동모ᄒ겟소.
明兒總要過來。[밍얼중얀궈래] 릭일은 부듸 오시오.
必定來。[삐띵릭] 쏙 오리다.

第十一課 有何可食

有甚麼可吃的麼？[위선마커츼듸마] 무슨 먹을 것이 잇슴닛가?
没甚麼可吃的。[메션마커츼듸] 아무 것도 먹을 것이 업슴니다.
他過日子怎麼樣？[타궈이쯔젼마양] 졔가 웃지 지냄닛가?
還是那麼窮。[히쓰나마츙] 역시 그러케 빈궁(貧窮)홈니다.
品行是好麼？[핑싱쓰환마] 품힝은 좃슴닛가?
說是好。[쉬쓰환] 좃타 ᄒ오.
多咱您給我介紹呢？[둬잔닌쎄워졔쌰늬] 은졔 소기ᄒ야 쥬시겟슴닛가?
隨您便。[쉬닌뼨] 당신의 편흔 ᄯᅥ를 싸라셔 ᄒᆞ깃소.

---

① 우승ᄒ다: 偉勝. 우승(優勝)하다. 여럿 중에서 가장 뛰어나다.

給我豫〔預〕備飯。[쎄워위베앤] 닉게 밥을 차려 주시오.

是了,就給您豫〔預〕備。[쓰라쥬 쎄넌위베] 네, 곳 츠려 드리겟슴 니다.

貴寓不窄點兒了?[쮜위부지뎬얼 라] 계신 곳이 좀 좁지 안슴닛 가?

人少哪還可以。[신쏘나히커이] 스 름이 젹어셔 관계치 안슴니다.

第十二課　冤枉

那是冤枉罷?[나쓰웬왕바] 그것은 억울ᄒ지오?

我也是這麼想呢。[워예쓰져마썅 늬] 나도 그러케 싱각ᄒ오.

你能念這個文章麼?[늬넝녠져거 운장마] 이 글을 읽겟슴닛가?

難的我念不上。[난듸워녠부썅] 어 렵소. 나는 못 닑겟소.

學律法初步是甚麼書好呢?[쏘리 얘추부씨션마슈한늬] 법률 쵸보 를 빅호랴면 무슨 칙이 좃슴닛 가?

有幾樣兒先看一看。[위지양얼쎈 칸이칸] 몟 가지 잇스니 먼져 한 번 보시오.

你有化學的敎科書没有?[늬우화 쑈듸좌귀슈메위] 로형게 화학 교과셔가 잇슴닛가?

借給李兄了。[제쎄리쓩라] 리셔방 에게 빌녀 주엇슴니다.

有詳密的地理圖没有?[위샹미듸 듸리투메위] 자셰흔 디도가 잇 슴닛가?

是日本的,是世界的?[쓰이쌘듸 쓰싀제듸] 일본 것이오닛가 만 국 것이오닛가?

兩樣兒都要。[량양얼쭈야] 두 가 지 다 좃슴니다.

現在没有世界的。[쎈지메위싀제 듸] 지금 만국 디도는 업슴니다.

第十三課　新鮮的肉

有新鮮的肉没有?[위신쎈듸쓔메 위] 신션흔 고기가 잇슴니다 [가]?

有極新鮮的。[위지신쎈듸] 극히 신션흔 것이 잇슴니다.

您要那個呢?[넌야나거늬] 로형은 어느 것을 원ᄒ시오?

給我右邊的罷。[쎄워위볜듸바] 나 는 우편 것을 주시오.

有紅茶没有?[위홍차메위] 홍츠가 잇슴닛가?

紅茶、珈琲〔咖啡〕都有。[홍차

싸피쭈위] 홍츄와 가피가 다 잇슴니다.
請抽烟捲兒。[칭츄옌쥰얼] 권연쵸[1] 잡슈시오.
我是烟也不愛, 酒也不愛。[워쓰옌예부이쥬예부이] 나는 담비도 질기지 안코 슐도 사랑치 안슴니다.
這封信信資要多少錢? [져웡신신즈얀둬쏴쳰] 이 편지는 갑이 을마나 들게슴닛가?
三分錢可以。[싼왼쳰커이] 三錢이 면 됩니다.
新報爲甚麼意是五厘可以行呢〔呢〕? [신뱌웨슴마이쓰우리커이싱늬] 신문은 웨 五厘로 가는 것이오닛가?
那是格外認可的。[나쓰꺼왜신커듸] 그것은 격외 인가올시다.
挂號是多少錢? [과후쓰둬쏴쳰] 登記는 을마오닛가?
另外要七分錢。[링왜야치왼쳰] 그 밧게 七錢이 듭니다.

第十四課 單語地文

世界[싀졔] 셰계
山[싼] 산
山嶺兒[싼링얼] 고기
山峰[싼펑] 산봉
土坂〔坡〕子[투퍼쓰] 언덕
道兒[단얼] 길
街上[졔썅] 골목
胡同[후퉁] 길 가온듸
河[허] 하슈
橋[챠] 다리
海[희] 바다
大洋[따양] 듸양
海島[희단] 바다셤
沙灘[사탄] 엿흔 여을
碼頭[마퉈] 부두(埠頭)
潮[챠] 조슈

水田[쉬텐] 논
池子[츼쯔] 못
水[쉬] 물
莊稼地[쟝쟈듸] 농장
湖[후] 호슈
瀑沛〔布〕[바〈부〉] 폭포
泉[촨] 싀암
井水[징쉬] 우물
水坑子[쉬컹쯔] 물웅덩이
石頭[시투] 돌
泥[늬] 진흙
土[투] 몬지
砂子[사즈] 모릭
明溝[밍꺼우] 것기쳔
暗溝[안꺼우] 속기쳔
地動[듸쭝] 디진

---

[1] 권연쵸: 烟捲兒. 권연초. 궐련.

海嘯[히쌰] 희소
旱地[한듸] 륙디
旱路[한루] 륙로
礦窑[쾅〈얀〉] 礦山

第十五課 問人兄弟之事情

貴庚？[쥐껑] 무슨 싱이시오닛가?
我三十四了。[워싼시쓰라] 나는 셔른네 살이 올시다.
你是排大不是？[늬쓰퍼이짜부쓰] 로형이 맛이오닛까?
有一個哥哥。[위이거쩌쩌] 형님 한 분 잇슴니다.
令兄有多少歲數兒了？[링쑹유둬쏘쉐슈얼라] 빅씨는 년세가 몟치시오닛가?
我記得是三十八。[워지더쓰싼시빠] 내 긔억ᄒ건듸 셔른여듧이오.
現在當何差使麽？[쎈지당허치쓰마] 지금 무슨 벼슬 다니심닛가?
海軍的大尉。[히쮠듸짜위] 히군 듸위올시다.
在那兒哪？[지나ㅣ얼나] 어듸 계시오닛가?
在天津鎭守府哪。[지텬진쪈슈뿌나] 텬진 진슈부에 잇슴니다.
閣下是今年畢業麽？[꺼샤쓰진녠삐예마] 로형은 금년 졸업이오닛가?
到明天[年]可以畢業。[땨우밍텬[녠]커이삐예] 릭년 되여야 졸업이겟소.
畢業之後還上那兒去麽？[삐예즤훠ᄒ쌍나ㅣ얼취마] 졸업 후에 어듸로 가시겟슴닛가?
打算上德國去。[짜쏸썅더궈취] 덕국①을 가려 ᄒ옴니다.
閣下不是在醫科了麽？[꺼샤부쓰지이궈라마] 로형은 의과가 아니오닛가?
不是, 我文科了。[부쓰워운궈라] 아니오. 나는 문과올시다.
專硏究甚麽？[좐옌쥬슴마] 무엇은 젼문으로 연구ᄒ심닛가?
硏究東西洋史哪。[옌쥬둥시양시나] 동셔양사를 연구ᄒ옴니다.
你可以著書不可以？[늬커이쟈슈부커이] 로형이 글을 져슐ᄒ시겟지오?
我打算慢慢兒的把硏究之結果公於世上。[워짜쏸만만얼듸빠옌쥬지졔궈궁위시썅] 차차 연구ᄒ 결과를 가지고 셰상에 드러닉고져 ᄒ옴니다.

────────
① 덕국: 德國. 독일.

第十六課　理髮所

給我刮刮臉。[쎄워꽈꽈렌] 나 면도 좀 ᄒᆞ여 쥬시오.

請坐這椅子上。[칭줘져이쯔양] 청컨듸 이 교의에 안즈시오.

得費多大工夫呢？[데폐둬짜쑹뿌늬] 시간이 을마나 듬닛가?

得費一刻哪。[데폐이커나] 십오분이나 들겟슴니다.

我有急忙的事，你給務須快快的刮。[워유지망듸쓰늬쎄우쉬쾌쾌듸꽈] 내가 급흔 일이 잇스니 아무주록 쌜니 깍거 쥬시오.

遵命了，這兒也是刮麼？[쥰밍랴져얼예쓰꽈마] 그리ᄒᆞ오리다. 여긔도 깍그릿가?

那兒不用刮的。[나얼부융꽈듸] 거긔는 깍글 것 업슴니다.

用好胰子罷。[융환이쯔바] 조흔 비누를 쓰시오.

請到這邊兒。[칭단져볜얼] 청컨듸 이리 오시오.

嚏，多麽冷水啊。[허둬마렁쉬아] 어, 찬물이구려.

開水也有,用開水洗麽？[키쉬예유융캐쉬시마] 더운물도 잇슴니다. 더운물로 씨스오릿가?

若有溫和水就用罷。[워[쉬]우운훠쉬쥬융바] 만일 짜듯흔 물이 잇거든 쓰시오.

給多少錢呢？[쎄둬샨첸니] 을마 드리오릿가?

給我一角錢。[쎄워이쟈첸] 십 전만 쥬시오.

給你這個，你找給我。[쎄늬져거늬워[쟌]쎄워] 로형게 이것을 드리니 로형이 거스러셔 나를 주시오.

找您九角錢。[쟈닌쥬쟈첸] 당신게 구십 전 거슬러 드림니다.

再見。[지진] 또 만납시다.

謝謝老爺。[쎼쎼랴예] 고맙슴니다. 령감.

第十七課　送書信

您有信紙没有？[닌유신즤메유] 로형게 편지지가 잇슴닛가?

我有。[워유] 내게 잇슴니다.

給我幾張。[쎄워지쟝] 내게 몟 장 쥬시오.

擱在那個匣子，拿出來使用罷。[쩌지나거쌰쯔나추래쓰융바] 그 갑에 너엇스니 쓰러닉여 쓰시오.

有封套没有？[유펑탸메유] 봉투가 잇슴니가?

信皮也得有匣子裏〔裏〕了。[신

피예데위쌰쓰리라] 봉투도 갑 속에 잇슴니다.

今兒是幾兒了? [진얼쓰지얼라] 오 날은 몟칠이오닛가?

八月十三罷。[쌔웨시싼바] 팔월 열사흘이오.

這封信資三分錢可以行麼? [져웡 신즈싼왠쳰커이싱마] 이 편지 갑이 삼젼이면 가겟슴닛가?

我想可以，可是得量一量。[워썅 커이커쓰데량이량] 내 싱각에 될 듯ᄒ오. 한 번 다라 봅시다.

秤在這兒麼? [쳥지져얼마] 져울이 여긔 잇슴닛가?

在那個地毯裏罷。[지나거듸탄리

바] 그 담요 속에 잇겟소.

有哪，有四錢五分。[위나위쓰쳰 우왠] 잇슴니다. 너 돈 오 푼이 오.

那麼三分錢不行，得要六分錢。 [나마싼왠쳰부싱데야루왠쳰] 그러면 삼젼이면 안되겟소. 륙 젼이라야ᄒ겟소.

既那麼着，我再添寫去罷。[지나 마져워지톈셰취바] 긔위① 그러 ᄒ면 내 더 좀 써서 보내겟소.

再多添寫也是不要緊的。[지둬톈 셰예쓰부야진듸] 더 써 느트라 도 관계치 안슴니다.

第十八課　火輪船

船到了麼? [촨닫라마] 빈가 발셔 도착ᄒ엿슴닛가?

到了好一會兒了。[닫라환이회얼 라] 도착ᄒ 지 ᄒ동안 되엿슴니 다.

甚麼時候兒到的? [선마시훠얼닫 듸] 어느 시에 도착ᄒ엿슴닛가?

晌午到的。[썅우닫듸] 오졍에 도 착ᄒ엿슴니다.

那是商船公司的船罷? [나쓰썅촨 궁쓰듸촨바] 그것은 샹션회스

빈이지오?

不是，郵船公司的罷。[부쓰위촨궁 쓰듸바] 아니오. 우션② 회스 것 이올시다.

船名叫甚麼呢? [촨밍쨔선마늬] 빈 일홈은 무엇이오닛가?

叫廣東號。[쨔광둥화] 광동호라고 부름니다.

打上海來的罷? [따썅히릳듸바] 샹 히셔 오는 것이오닛가?

不是，打香港來的。[부쓰따샹항

---

① 긔위: 既. 기위(既爲). 이미.
② 우션: 郵船. 우편션(郵便船).

릭듸] 아니오. 향항①셔 온 것이
오.

裝載甚麽貨來的? [좡지선마훠릭
듸] 무슨 물건 실고 온 것이오닛
가?

裝載各樣的貨物來的。[좡지써양
듸훠우릭듸] 각식 물건을 실고
온 것이올시다.

我的朋友搭這隻船來的。[워듸펑
우따져지촨릭듸] 내 친구가 이
비를 타고 왓슴니다.

是廣東人哪, 還是這兒的啊? [쓰
광둥신나희쓰져얼듸아] 광동 사
름이오닛가 이 곳 스름이오닛
가?

是本地的人了。[쓰썬듸듸신라] 본
디방 스름이올시다.

上月有事情到那兒去來着的。[썅
웨위쓰칭단나얼취릭져듸] 지난
달에 일이 잇셔셔 거긔 갓다가
오는 것이올시다.

到碼頭上等着罷。[단마터우썅덩져
바] 션창에 가셔 기다립시다.

我也就去, 請您先一步走罷。[워
예쥐취칭닌쎈이부조바] 나도 곳
가겟스니 청컨듸 로형이 한 거름
먼져 가시오.

就去。[쥐취] 곳 가겟슴니다.

第十九課 借家

這隔壁兒是空房麽? [져거삐얼쓰
쿵앙마] 이 이웃집은 공가②오닛
가?

是, 要賃出去的。[쓰, 얀신추취듸]
녜, 셰쥬라고 홈니다.

是那兒的房子? [쓰나얼듸양쯔]
어느 편 집이오닛가?

是這兒的。[쓰져얼듸] 이편 집이
올시다.

可以叫我們看麽? [커이쟌워믄칸
마] 우리들에게 뵈시겟슴닛가?

没甚麽不可以的。[메선마부커이
듸] 무슨 못홀 것이 업슴니다.

請上來罷。[칭썅릭바] 청컨듸 올
나오시오.

有幾間呢? [위지젼늬] 몃 간이나
잇슴닛가?

有三間客廳。[위싼젼커팅] 삼 간
긱쳥이 잇슴니다.

還有厨房、櫃房、堆房。[희위추
앙궤앙퉤앙] 부억과 협방과 벽쟝
이 잇슴니다.

多少房租? [둬쌰앙주] 집셰가 을
마오닛가?

---

① 향항: 香港. 홍콩.
② 공가: 空房. 공가(空家). 빈집.

房租是按月六元。[왕주쓰안웨루웬] 집셰는 미달 류 원이올시다.

席不舊點兒了麽? [시부쥬뎬얼라마] 자리가 좀 더럽지 안슴닛가?

若您住了, 就趕緊換新的。[쥐닌주라쥬깐진환신듸] 만일 로형이 드시면 곳 시것과 밧구오리다.

那兒有井麽? [나얼위징마] 거긔 우물이 잇슴닛가?

井是没有了, 可是左近有自來水, 方便些兒。[징쎄메우라커쓰줘진외즈릐쉬팡볜셰얼] 우물은 업소. 웬편에 슈통이 잇셔 편홈니다.

第二十課　久違相逢

少見, 少見, 您上那兒去來着? [쌰젠쌰젠닌썅나얼취릐져] 오릭간만이구려. 로형 어듸 갓다가 오셧슴닛가?

久在鄉下住來着。[쥬지썅샤주릐져] 오릭 시골 잇다가 왓슴니다.

貴鄉是那兒? [쉬썅쓰나ㅣ얼] 시골이 어듸시오닛가?

漢口市哪。[한쿠시나] 한구시올시다.

貴鄉是離江蘇近麽? [쉬썅쓰리쟝수진마] 귀향은 강소 가잣갑슴닛가?

離江蘇遠哪。[리쟝수웬나] 강소가기가 머름니다.

可以火車通行麽? [커이훠쳐통싱마] 긔츠로 통힝홈닛가?

是, 不錯。[쓰부춰] 네, 그럿슴니다.

前年在江蘇一塊兒聚會的那位張兄, 您還知道麽? [쳰녠지쟝수이쾌얼취회듸나위쟝슝닌히지다오마] 젼년에 강소에셔 한가지 만낫든 그 쟝셔방을 아시겟슴닛가?

知道是知道了, 可這四五年總没見他。[지다오쓰지다오라커져쓰우녠쥼메젼타] 알기는 알지만은 이 사오 년은 도모지 못 보앗슴니다.

他昨兒忽然的我〔找〕我來了。[타줘얼후산듸쵸워릐라] 제가 어졔 홀연 나를 차져왓슴니다.

是上您那兒去的麽? [쓰샹닌나얼취듸마] 이 로형 곳으로 갓슴딋가?

是。[쓰] 네.

第二十一課 （單語）人文

男人[난신] 남즈
娘兒們[냥얼믄] 녀인들
姑娘[구냥] 스각시
小孩兒[샨히얼] 사환(하인 남)
年輕的[녠칭듸] 젊은 스름
父母（雙親）[얘무쌍친] 부모
母親（媽媽）[무친마마] 모친
祖母（奶奶）[주무내내] 조모
婦女（女子）[얘뉘뇌쯔] 부녀
丫頭[야투] 스환(하인 녀)
老頭兒（年老的）[란투얼녠란듸] 로인
父親（爹爹）[얘친데데] 부친
兒子[얼쯔] 아달
孫子[쑨쯔] 숀즈
孫兒女〔女兒〕[쑨뉘얼] 숀녀
弟兄[듸슝] 형데
兄弟[슝듸] 동싱
哥哥[꺼꺼] 형
姐姐[졔졔] 맛누의
妹妹[메메] 손아리누의
叔伯弟兄[쑤비듸슝] 종형데
大爺[따예] 빅부
叔叔[쑤쑤] 아자비
侄兒[즤얼] 족하
丈夫（男人）[장얘난신] 남편
令尊[링쥰] 츈부쟝 稱人父
令堂（老太太）[링탕란태태] 자친 稱人母

夫人（太太）[얘인태태] 부인
如夫人[수얘신] 쳡
姑姑（嬸子）[구구썬쯔] 빅슉모 伯叔母
媳婦兒[시얘얼] 안히 妻
親戚[친치] 친쳑
朋友[펑워] 친구
皇帝（萬歲爺）[황듸완쉐예] 황데
皇后（娘娘）[황훠냥냥] 황후
皇太后[황태훠] 황틔후
皇太子[황태쯔] 황틔즈
親王（王爺）[친왕왕예] 친왕
中堂[쥼탕] 대신 大臣
民人[민신] 빅성
大夫[따얘] 의원 醫士
和尚[허상] 즁 僧
教習[쟈시] 교사
巡警[쉰징] 슌사
先生[쎈엉] 션싱
學生[쓔엉] 학싱
唱戲的[챵시듸] 연극즈 광듸
經紀[징지] 즁기인 仲介人
夥計[훠지] 동사 同事人
訟師[쑹스] 辯護士 변호스
店東[뎬둥] 店主 뎜쥬
強盜[챵단] 강도
匠人[쟝신] 工匠
掌櫃的[쟝궤듸] 장직인(掌財人)

買賣的 [매미듸] 영업인 (營業人)
東家 (主人) [둥쟈주신] 쥬인 (主人)
苦力 (挑夫) [쿠리탇얅] 삭군
百姓 [쌔싱] 人民
書辦〔辨〕[우쌘] 셔긔
徒弟 [투듸] 졔즈
房東 [양둥] 호쥬 (戶主)
雇工 [쑤쏭] 고공
車夫 [쳐얖] 차부
花子 [화쯔] 걸인 (乞人)

第二十二課 開店後求番頭

我有件求您的事情來了。[워유졘 취닌듸쓰칭틔라] 내가 로형게 청구훌 일이 잇셔 왓슴니다.

甚麽事哪? [션마쓰나] 무슨 일이 오닛가?

我要在本地開個鋪子。[워야지쎈 듸캐거푸으[쯔]] 내가 이곳에 뎐 하나를 얼고져 홉니다.

您要開甚麽鋪子? [넌야캐션마푸 쯔] 로형이 무슨 상뎜을 열녀 ᄒᆞ시오?

打筭專賣敝國的雜貨。[쯔쫜쫜미 셰궈듸자홰] 내 나라 잡화를 젼 미ᄒᆞ려 계산홉니다.

我要請一位掌櫃的。[워야칭이위 쟝궤듸] 내가 번두 한 분을 쳥코 져 ᄒᆞ오.

就找那個人麽? [쥬쫘나거신마] 그 스람을 차지심닛가?

那筭甚麽事, 我給趕緊的找一找。 [나쏸션마쓰워께깐진듸쫘이쫘] 그것은 쉬운 일이오. 내 쌀니 한 번 차지오리다.

請求。[칭츄] 쳥구홉니다.

打筭多咱開? [쯔쫜둬잔캐] 은졔 쯤 열겟슴닛가?

打筭到本月底要開。[쯔쫜단쎈웨 듸야캐] 이달 월죵쯤 열고져 홉 니다.

定了甚麽地方兒了? [딍라션마듸 얭얼라] 어느 곳으로 졍ᄒᆞ셧슴 닛가?

打這兒我找個地方兒哪。[싸져얼 워쫘거듸얭얼나] 이로브터 내가 쟝소를 차지러 감니다.

你看甚麽地方兒好呢? [늬칸션마 듸얭얼환늬] 로형 싱각에는 어 느 곳이 조켓슴닛가?

我想雜貨鋪務須要人口稠密的地方兒。[워썅자홰푸우쉬야신컬쳐 미듸듸얭얼] 내 싱각에 잡화뎐 은 아무주룩 인구 조밀한 디방이 조흘 듯ᄒᆞ오.

我也是這麽想了。[워예쓰져마썅 라] 나도 그러케 싱각ᄒᆞ엿슴니 다.

所以專找大街上那邊兒的意思。 [쉬이좐좌짜졔쌍나볜얼듸이스] 그러흠으로 큰 길 그쪽을 차질

의스올시다.
那很好。[나흔핰] 그것이 미우 좃습니다.

第二十三課 回國

我要回國。[워야훼궈] 나는 본국으로 도라가겟소.
多咱回去? [둬잔훼취] 은졔 도라가심닛가?
這兩天內要動身。[져량쌴텐내얘쭝썬] 이심[삼]일 안에 써나려 흠니다.
爲甚麼事要回國呢? [웨선마쓰회궈늬] 무슨 일로 회국흐심닛가?
我出鄕以來旣有十年多了, 可一回也没回鄕去, 這回是要叔〔叙〕久〔舊〕情去哪。[워추쌍이릭지우시넌둬라커이회예메회쌍취져회쓰얘슈죡칭취나] 내가 고향 써나온 지 벌셔 십여 년 이것마는 한 번도 귀국흐지 못흔 고로 이번은 구졍(久情)을 펴러갑니다.
打算多咱再到此地來呢? [짜쏸둬잔지딴츠듸릭늬] 은졔 다시 이곳에 오시겟슴닛가?
如今還不定是多咱來。[수진히부뎡쓰둬잔릭] 지금 갓흐셔는 은졔 올지 알 슈 업소.

怎麼呢? [젼마늬] 웃지흐야 그럿렇슴닛가?
因爲到那兒回去有一點兒事情呢。[인웨돠나얼회취우이뎬얼쓰칭늬] 그리 도라가면 한 가지 일이 잇셔 그럿슴니다.
打算立甚麼事麼? [짜쏸리선마쓰마] 무슨 일을 경영흐심닛가?
我想大槪在那兒招股份, 設立一個公司的。[워썅따싀지나얼좌구앤시리이거궁스듸] 내 싱각에 대기 거긔셔 고본①을 모와셔 한 기회스를 셰우려 흠니다.
是甚麼公司的? [쓰선마궁스듸] 무슨 회스오닛가?
是刷印公司哪。[쓰좌인궁쓰나] 인쇄소올시다.
資本是多少? [쯔앤쓰둬쌒] 자본은 을마오닛가?
打算要招十萬元的股子。[쯔쏸얘좌시완웬듸구쯔] 십만 원의 자본을 모흐려 흠니다.
多少元一股? [둬샾웬이구] 한 고본이 을마오닛가?

---
① 고본: 股份. 출자금(出資金).

定規的是五十元一股。[띵웨듸쓰 우시웬이구] 규정ᄒ기는 오십 원이 한 고올시다.
刷印這個事情想必是大利麽?[좌인지거쓰칭샹쎄쓰짜리마] 인쇄의 일이 아마 디리가 되지오?
我想在如今還不能得那麽大利。[워쌍지수진히쓰[부] 녕둬나마 짜리] 내 싱각ᄒ건딕 아즉은 능히 그러케 되리는 못되겟소.
可是, 慢慢兒的見好。[커쓰만만얼디젠핟] 차차 미우 조흘 줄 암니다.
那麽, 您就盡力着從事罷。[나마닌쥬진리져춤쓰바] 그러면 로형은 진력ᄒ야 종ᄉᄒ시오.

第二十四課 演説會

昨天的演説會你去過没有?[줘텐디옌쉬회늬취궈메우] 어졔 연셜회에 로형 가셧슴닛가 아니 가셧슴닛가?
昨兒和張兄上公園去來着, 可不知閣下去了没有?[줘얼히쟝쓩썅궁웬 취리져커부지쎠쌰취라메위] 어졔 쟝형과 공원에 갓다가 왓소. 아지 못ᄒ오나 로형은 가셧슴닛가?
我是聽了差不多兩點鐘。[워쓰팅라차부둬량뎬즁] 나는 두 시간 쯤 듯고 왓슴니다.
盛會了麽?[싱회라마] 셩회이엿슴닛가?
有一千個多人的來會者。[우이쳰거둬신듸릭회져] 일쳔 명이나 넘는 회원이엿슴니다.
有怎麽個演説?[우젼마거옌쉬] 무슨 연셜이 잇섯슴닛가?
都是學術上的演説了。[쭈쓰쑤수앙듸옌쉬라] 도시① 학슐상 연셜이엿슴니다.
由幾點鐘開的?[우지뎬즁캐디] 몃 시부터 기회ᄒ엿슴닛가?
打下午五點鐘開哪。[따쌰우우뎬즁캐나] 하오 다섯 시부터 기회ᄒ엿슴니다.
您去的是甚麽時候兒了?[닌취디쓰선마시훠얼라] 로형 가시기는 몃 시엿슴닛가?
我是正〔五〕點鐘去, 七點鐘回來了。[워쓰우뎬즁취치뎬즁회릭라] 나는 다섯 시에 갓다가 일곱 시에 도라왓슴니다.
我也是要去看, 實可惜了兒的。

---

① 도시: 都是. 모두.

[워예쓰얃취칸시커시라얼듸] 나도 가셔 볼 것인듸 참 졀통하 엿슴니다.

第二十五課　視察著書

一向好啊?〔이썅하아〕그 동안 일안ᄒ시오닛가?

托福, 托福.〔퉈얏퉈얏〕덕틱이올시다.

您起身的時候兒連送也不送, 實在是短禮得很.〔닌치션듸시훠얼렌쑹예부쑹시지쓰돤례더흔〕로형 써나실 쩍에 젼송도 못ᄒ야 미우 실례ᄒ엿슴니다.

那兒的話哪, 我倒是短過去請安, 實在是對不起您納.〔나얼듸화나워단시돤궈취칭안시지쓰듸부치닌나〕쳔만에 말솜이오. 내가 젹조만 ᄒ야셔 춤 엿줄 말이 업슴니다.

那兒的時令怎麼樣?〔나얼듸시령젼마양〕그곳 긔후가 읏더합듸까?

和這兒沒甚麼差的.〔허져얼메션마차듸〕이곳과 별로 틀니지 안습듸다.

滿都看到底了麼?〔만쭈칸단듸라마〕완젼이 시찰을 맛쵸엇슴닛가?

還不□〈能〉十分了, 可是大概達其意了.〔히부능시왼라커쓰따기짜치이라〕완젼치 못ᄒ나 대기는 다 맛쵸고 왓슴니다.

您查看的結果是著書罷?〔닌사칸듸졔궈쓰쟈슈바〕로형이 시찰ᄒ신 결과는 글지으시려 ᄒ심이오닛가?

不日要把我的愚見公於世上.〔부이얀쌰워듸우졘궁위시양〕곳 어리셕은 소견을 가져 셰상에 보히려 ᄒᆞᆷ니다.

給一般世上的人與非常的利益罷.〔쎄이쌴시양듸신위예챵듸리이바〕일반 셰상 사름에게 비상ᄒ 리익을 쥬시겟소.

過獎, 過獎. 我願意給世上人供給幾分之材料就是我望外的幸福啊.〔궈쟝궈쟝워웬이쎄시양신궁쎄지왼지치럎쥬쓰워왕왜듸싱위아〕너무 자랑ᄒ시오. 내 원ᄒ기는 셰인에게 얼마간 참고 지료가 되면 이것이 곳 나의 망외(望外)의 힝복이지오.

明兒下半天若是有閑工夫請您必要到敝〔敞〕舍來一趟.〔밍얼쌰쌴텐워〔쉬〕쓰우션꿍앾칭닌셰얀단셰쎠릐이탕〕릭일 오후에 만일 한가ᄒ시거든 부듸 내 집에

한 번 놀너 오시오.
一定望看您去哪。[이딍왕칸닌취나] 반다시 로형 차져 뵙기를 바라오.

第二十六課　休暇〔假〕上山

歇伏在那兒來着？[쎼약지나얼릭져] 셔즁 휴가（夏中休暇）에는 어듸 갓다가 오셧슴닛가？
到鄕下采集草木去來着。[닸썅싸치지챠무춰릭져] 시골 가셔 식물 치집（植物採集）ᄒ고 왓슴니다.
采集草木是有趣兒的罷？[치지챠무쓰읻추얼듸바] 식물 치집은 滋味가 잇지오？
可以得非常的新智識。[커이데예챵듸신지시] 미우 新智識을 웃슴니다.
你愛旅行不愛？[늬애리싱부애] 로형 旅行을 조워ᄒ심닛가①？
我很愛旅行。[워흔애리싱]나는 旅行을 미우조 와 ᄒ오.
今年你上金剛山去了麼？[진넨늬썅진짱싼춰라마] 今年에 로형이 金剛山에 올나가셧슴닛가？
是，我上金剛山去着〔看〕過一趟。[쓰워썅진짱싼춰칸궈이탕] 네, 내가 金剛山에 올나가셔 한 번 구경ᄒ엿슴니다.
是幾個人上的？[쓰지거신썅듸] 몟 스롬이 올나가셧슴닛가？
十個人上了。[시거신썅라] 열 사롬이 올나갓슴니다.
山頂很冷了麼？[싼딍흔렁라마] 산쏙닥이②가 미우 치웁듸가？
是，非常的冷，叫人打戰兒。[쓰예챵듸렁쟈신짜잔얼] 네, 미우 치웁듸다. 썰닙듸다.
有雪了麼？[읻쉐라마] 눈이 잇슴듸싸？
有，雪是整年不化的。[읻쉐쓰졍녠부화듸] 잇슴니다. 눈은 一年 내 녹지 안슴니다.
高有多少尺？[꺄울둬쌰츼] 놉히가 몟 자오닛가？
說是七八千尺多。[쉐쓰치쌔쳰치둬] 말ᄒ기를 七八千尺이나 된다 ᄒ오.
我也是明年一定要上。[워예쓰밍넨이딍야썅] 나도 明年에는 쏙 한 번 올나가려 ᄒ오.
上一回也可以。[썅이회예커이] 한 번 올나가는 것이 좃슴니다.
一個人去不了麼？[이거신춰부랴

---
① 조워ᄒ다：愛. 좋아하다.
② 산쏙닥이：山頂. 산꼭대기.

마] 혼자는 못 올나감닛가?
一個人到底不能上。若是你上, 我也再上一趟罷。[이거신댜듸부녕얗쉬쓰늬얗쉬[워]예지얗이탕바] 혼자는 도져히 못 올나가오.

만일 가시랴면 나도 두 번 올나가겟소.
那麽着好極了。[나마저환지라] 그러면 미우 좃슴니다.

第二十七課 買貨去

那天上那兒去了?[나텬얗나얼춰릴] 前日은 어듸 가셧슴닛가?
到南京買貨去來着。[댜난징미훠춰릳저] 남경 가셔 물건 사가지고 왓슴니다.
您一個人去的了麽?[늬[닌]이거신춰듸라마] 로형 혼자 가셧슴닛가?
帶着一個夥計去了。[대저이거훠지춰라] 동사① 한 스룸 더리고 갓슴니다.
到甚麽地方去了?[댜선마듸앙춰라] 어느 地方으로 가셧슴닛가?
到金陵那個地方去了。[댜진령나거듸앙춰라] 金陵 그편으로 갓슴니다.
坐車走的了麽?[쥐쳐쓰[쥬]듸라마] 車 타고 가셧슴닛가?
不是, 步行了走的了。[부쓰부싱라쥬듸라] 아니오. 步行으로 갓슴니다.
買的貨全帶來了麽?[미듸훠촨대래라마] 사신 물건은 다 가지고 오셧슴닛가?
不是, 那都是和牙行定規到這兒哪。[부쓰나쮸싀히야싱딍꿰댜저얼나] 아니오. 그것은 運送店에 부탁ᄒ고 이리 왓슴니다.
意〔竟〕是在這兒賣的貨麽?[징쓰지져얼미듸훠마] 모다 여긔셔 팔 물건쑨이오닛가?
在這兒賣的貨一個也沒有。[지저얼미듸훠이거예메우] 여긔셔 팔 물건은 하나도 업슴니다.
都得包好了貨, 再送到日本的哪。[쮸데빠핳라훠재쑹댜싀쌘듸나] 모다 짐을 묵거셔 다시 日本으로 보낼 것이오.
這回悠〔您〕賺錢了罷。[저회닌쫜쳰라바] 이번에 로형은 利益이 남엇지오.
没甚麽。[메선마] 무엇 업슴니다 (別無多得之意).

---
① 동사: 夥計. 仝事. 같은 일을 함.

第二十八課 身體部

心[신] 마음
臉上[렌썅] 얼골
腦子[노쯔] 골
眼睛[옌징] 눈
眼球兒[옌춰얼] 눈동즈
嘴唇兒[줴춘얼] 닙슐
槽牙[챠야] 억음니
身子[썬쯔] 몸
腦袋[노대] 頭骨
頭髮[투애] 터럭
鼻子[셰쯔] 코
眉毛[메모] 눈섭
嘴[줴] 입
牙齒[야츼] 니
舌頭[셔투] 혀
垢[쑤] 씨
牙花花〔兒〕[야화얼] 니쑹
耳朶[얼둬] 귀
嗓子[쌍쯔] 목
手背[쎠쩨] 손등
胳臂[쎠쎄] 팔둑
指頭[즤투] 손가락
鬍子[후쯔] 슈염
手[쎠] 손
骨節兒[쑤졔얼] 골절
指甲[즤쟈] 손톱
拳頭[촨투] 주먹
胸膛[쓩탕] 가삼

腰[야] 허리
尿〔屁〕股[피쑤] 볼기
脚[쟈] 발
眼淚[옌레] 눈몰
鼻涕[셰틔] 코물
咳嗽[커쒀] 희소
唾沫[퉈머] 춤
痰[탄] 담
啞吧[야빠] 벙어리
聾子[룽쯔] 귀먹어리
瞎子[쌰쯔] 장님
皮膚[피얙] 피부
骨頭[쑤투] 쎠
肚子[두쯔] 비
駝背[퉈쩨] 곱사등이
瘸子[췌쯔] 절눔바리
麻子[마쯔] 곰보
病[셍] 병
頭疼[투텅] 두통
感冒(着凉)[깐모쟈량] 감긔
疙瘩[쩌따] 종긔
膿血[눙쎼] 고롬피
發燒[애쌰] 발열
出汗[추한] 出汗
發抖[애쒸] 寒戰
胖[팡] 肥
瘦[워〔쏘〕] 瘦
打膈〔嗝〕兒[따쎠얼] 쏠곡질

第二十九課　作歌作詩

您作敬〔歌〕不作？〔닌줘쎠부줘〕 로형이 歌曲을 짓심닛가?

作是作，可作不好。〔줘쓰줘커줘부화〕 짓기는 짓지마는 잘은 못 지오.

作詩不作？〔줘시부줘〕 詩는 짓심닛가?

連押韻都不曉得。〔롄야윈쭈부쌰오더〕 韻싸 달 쥴도 모름니다.

有唐詩選沒有？〔워당시셴메워〕 唐詩選을 가지셧슴닛가?

有哪。〔워나〕 잇슴니다.

那裏頭有很好的詩了罷？〔나리퉈워흔핫듸시라바〕 그 속에 미우 조흔 시가 잇지오.

好的不少。〔핫듸부샾〕 조흔 것이 적지 안슴니다.

漢文和英文好愛那個呢？〔한운희잉운핫애나거늬〕 漢文과 英文은 어느 것을 조워ᄒ심닛가?

我是邦〔那〕個都愛。〔워쓰나거쭈애〕 나는 어느 것이든지 다 조워ᄒ오.

時文是說怎麽個樣子的？〔시운쓰쉬전마거양쯔듸〕 時文이라ᄒ는 것은 웃더훈 것을 말훔이오닛가?

現在的新聞紙上用之文章是說時文哪。〔쎈지듸신운즤썅융즤운쟝쓰쉬시운나〕 지금 新聞上에 쓰는 文章을 時文이라 흠니다.

第三十課　複習

您知道不知道?
今兒個是幾兒了?
賺了錢了。
丟了麽?
路上遇見了。
必定來。
那是冤枉罷?
你是排大不是?
秤在這兒麽?
多少房租?
打筭多咱開?

由幾點鐘開的?
歇伏在那兒來着?
事情都了然了麽?
差使忙不忙?
没一個中意的。
隨您便。
有極新鮮的。
得費一刻哪。
搭哪個船來?
是不錯。
資本是多少?

托福, 托福。　　　　　　　　　連押韻都下〔不〕曉得。
到甚麼地方去了？

以上 三十課 中 第七課 마다 名詞를 挿入ᄒ고 其外는 皆 對話로 問答ᄒ야 每日 一課 式 習得케 ᄒ고 第三十課는 以上 諸課 中 一二語를 抄出ᄒ야 複習케 ᄒ엿스니 讀者는 必히 此 順序를 遵ᄒ 지어다 (課名은 言語가 一理로 出ᄒ는 時는 總括ᄒ야 別一名을 付ᄒ고 混合問答에는 課中 第一 行 中 字를 取ᄒ야 課名을 作흠).

附録　名詞

傢伙部[자]

桌子[쥐쯔] 탁ᄌ
飯桌子[앤쥐쯔] 食卓
椅子[이쯔] 의ᄌ
橙〔凳〕子[쩡쯔] 등상
脚踏子[쟈타쯔] 발판
地毯[듸탄] 담요
席[시] 자리
鎖[쒀[쒀]] 좀을쇠
鑰匙[야쓰] 열쇠
團扇[퇀싼] 團扇
扇子[싼쯔] 扇子
眼鏡[옌징] 眼鏡
帳子[장쯔] 帳幕
簾子[롄쯔] 발
鐘[중] 掛鐘
表[뱌오] 時表
表鏈子[뱌롄쯔] 時表줄
表鑰子[뱌야쯔] 時表 열쇠
定南針[띵난쪈] 指南鐵
寒暑表[한우뱌오] 寒暖計
硯臺[옌티] 베루
硯匣[옌쌰] 硯匣
墨盒兒[머히얼] 墨盒
紙[즈] 紙
格兒紙[꺼얼즈] 印札紙

筆[삐] 筆
鋼筆[깡삐] 鍮筆
石盤[쓰판] 石盤
石筆[쓰삐] 石筆
鉛筆[쳰삐] 鉛筆
墨[머] 墨
畫[화] 畫
油畫[역화] 油畫
圖書[투쑤] 圖書
印色[인써] 印色
信紙[신즈] 片紙紙
封套[펑탸오] 封套紙
火漆[훠치] 封蠟
硯水壺[옌쉬후] 硯滴
水缸[쉬깡] 水瓮
壓紙[야즈] 壓紙
洋爐子[양루쯔] 煖爐
煤[메] 石炭
柴火[치훠] 火木
炭[탄] 木炭
洋油[양역] 石油
火盆[훠펀[펀]] 火爐
火筷子[훠쾌쯔] 火箸
飯鍋[앤꿔[궈]] 釜
鏟子[챤쯔] 火鋤

飯碗[앤완] 飯碗
海碗[히완] 大碗
盤子[판쯔] 소반
碟子[데쯔] 접시
筷子[쾌쯔] 箸
匙子[싀쯔] 匙
杓子[쌰쯔] 사시
鍤子[차쯔] 肉挿
七星罐兒[치싱광얼] 약병
刀子[쯔쯔] 刀子
茶壺[차후] 茶罐
銅吊子[퉁댜쯔] 燙水罐
茶盅[차중] 차종
酒瓶[쥬핑] 酒瓶
水杯[쉬쩨] 곱부
碗[완] 砂鉢
茶碗[차완] 茶碗
珈琲〔咖啡〕茶碗[꺄예차완] 珈琲茶碗
茶托[차틔] 茶托
盆[편] 盆
菜刀[여쌰] 식刀
橔子[쭌쯔] 도마
木桶[무퉁] 桶
吊桶[댜퉁] 釣瓶
箚帚[탸쥬] 비
撣子[쏜쯔] 몬지쩌리기
手巾[쎠진] 手巾
揩布[잔부] 걸네
燈火[쩡훠] 燈火

蠟[라] 蠟
燈籠[쩡룽] 燈籠
蠟燈[라쩡] 燭臺
洋燈[양쩡] 람푸
自來火（洋火）[쯔리훠양훠] 洋黃
電氣燈[뎬치쩡] 電氣燈
煤氣燈[메치쩡] 瓦斯燈
燈罩兒[쩡쟈얼] 燈皮
蚊帳[원장] 蚊帳
小刀[쌰쯔[쌰]] 囊刀
剪子[젠쯔] 가휘
剃頭刀[틔투쌰] 理髮刀
磨刀石[머쌰싀] 숫돌
臉盆[롄편] 듸야
胰子[이쯔] 비누
刷牙子[쏴야쯔] 니솔
刷牙散[쏴야싼] 磨齒粉
牙籤兒[야쳰얼] 니쑤시기
床[촹] 평상
台布[틔부] 床袱
鋪蓋[푸싀] 니부자리
褥子[우쯔] 요
枕頭[쪈투] 베기
包袱[반왁] 보
口袋[쿠싀] 보듸
鏡子[징쯔] 거울
攏子（篦子）[룽쯔] 眞梳
木梳[무쑤] 얼어빗
刷子[쏴쯔] 솔
尺頭[츼투] 尺

秤子[청쯔] 절
斗[쭈] 斗

匣子[샤쯔] 箱子
激筒[지퉁[퉁]] 무지위

衣裳部[이쌍부]

褂子[과쯔] 上衣
外褂子[왜과쯔] 두루마기
馬褂子[마과쯔] 마과즈
摺紋[저원] 쥬룸
砍肩兒(背心)[칸졘얼쩨신] 족기
□〈褲〉子[쿠쯔] 바지
汗褟兒[한타얼] 쌈박기
襪子[와쯔] 버션
領子[링쯔] 옷깃
領帶[링쩌] 동졍
帽子[만쯔] 모자
靴子[쒀셰[쯔]] 쉐즈
鞋[셰] 신
手套[쒀퇀] 掌甲

手帕子[쒀파쯔] 手巾
鉗子[쳰쯔] 耳環
戒指兒[졔즤얼] 반지
繸子[퇀쯔] 씬
針[쩐] 바늘
綫[쎈] 실
絲綫[쓰쎈] 명주실
頂針兒[졍쎤얼] 골무
烟荷包[옌하뱌오] 쌈지
烟捲兒盒子[옌좐얼허쯔] 捲烟匣
兜兒[쭈얼] 冊囊
袖子[셩쯔] 소믹
鈕子[뉴쯔] 단초
鈕子眼兒[뉴쯔옌얼] 단초구멍

飮食部[인싀부]

早飯[쟈오앤] 朝飯
晌飯[썅앤] 午飯
晚飯[완앤] 夕飯
麵包[몐빠오] 麵包
點心[뎬신] 菓子
飯[앤] 飯
牛肉[뉴싀] 牛肉
羊肉[양싀] 羊肉
鷄肉[지싀] 鷄肉
猪肉[주싀] 猪肉

魚[위] 魚
喝的東西[허듸뚱시] 마실것
開水[캐쉬] 끌는 물
茶[차] 茶
酒[쥬] 酒
三便酒[싼펜쥬] 三便酒
紅酒[훙쥬] 葡萄酒
麥酒(皮〔啤〕酒)[믜쥬피쥬] 麥酒
黃酒[황쥬] 약酒
荷蘭水[허란쉬] 나무네

鷄蛋[지쭌] 鷄卵
牛仍〔奶〕[부늬] 牛乳
黃油[황여] 쌔다
醬油[쟝여] 淸醬
醋[츠[추]] 醋
白糖[쎄탕] 雪糖

白鹽 [비옌] 소금
胡椒麵兒[후쟈몐얼] 胡椒末
芥末[졔머] 芥子末
麵[몐] 국슈(或가루)
挂麵[솨몐] 素麵

菜穀部[엿꾸부]

米[미] 米
糯米[누미] 찹살
粳米[징미] 멥살
麥子[믜쯔] 보리
小米[쌰미] 粟
黍子[쑤쯔] 黍
玉米[위미] 옥슈슈(或 각낭이)
豆子[쭈쯔] 콩
紅豆[훙쭈] 팟
豌豆[완쭈] 몸부
蘿蔔[뤄[뤄]쌔] 무
紅蘿蔔[훙뤄[뤄]쌔] 紅무
葱[쭁] 파
茄子[체쯔] 가지
白菜[비옉] 白菜
芹菜[친옉] 미나리

蒜菜(蒜頭)[쏸옉쏸투] 마날
辣椒[라쟈] 고초
靑椒[칭쟈] 풋고초
薑[쟝] 薑
蘑姑〔菇〕[머꾸] 버섯
芋頭[위투] 土蓮
白薯(地瓜)[비쭈] 감즈
牛旁[누팡] 牛旁
山藥[쌴야] 마
黃瓜[황솨] 외
西瓜[시솨] 슈박
甜瓜[톈솨] 참외
倭瓜[워솨] 호박
芝麻[즈마] 참씨
藕[쉬[어]] 蓮根

走獸部[쩌역부]

獅子[쓰쯔] 獅子
象[썅] 코기리
老虎[랃후] 범
狗熊[쩌쓩] 곰

狐狸[후리] 여호
牛[누] 소
公牛[꿍누] 수소
母牛[무누] 암소

小牛[쌰누] 犢　　　　　　　猴兒[휘얼] 원슝이
猪[주] 豕　　　　　　　　猫[마] 猫
野猪[예주] 山豕　　　　　野猫[예만] 토기
馬[마] 馬　　　　　　　　狼[랑] 이리
驢[뤼] 驢　　　　　　　　狗[쑤] 기
騾子[뤼쯔] 騾　　　　　　耗子(老鼠)[환쯔] 쥐
駱駝[뤼퉈] 駱駝　　　　　獵犬(狗)[례챤쑤] 산양기
山羊[싼양] 山羊　　　　　海獺[히타] 水獺
綿羊[몐양] 綿羊　　　　　鯨魚[칭위] 고릭
羊羔兒[양꼬얼] 兒羊　　　尾巴[이싸] 쇠리

飛禽部[예친부]

仙鶴[쎈허] 鶴　　　　　　鳶鳥[옌냐] 鳶
孔雀[쿵챤] 孔雀　　　　　鳳凰[엉황] 鳳凰
老雕[랸댠] 鷲　　　　　　火鷄[휘지] 七面鳥
鷹[잉] 믹　　　　　　　　小鷄子[쌰지쯔] 軟鷄
老鴰[랸꺼] 雅　　　　　　公鷄[꿍지] 雄鷄
家雀兒[쟈챤얼] 참시　　　母鷄[무지] 雌鷄
雁[옌] 雁　　　　　　　　小鷄子兒[쌰지쯔얼] 鷄卵
燕子[옌쯔] 鶯子　　　　　喜鵲[시챤] 鵲
鸚哥[잉꺼] 鸚鵡　　　　　杜鵑[두졘] 杜鵑
夜猫子[예만쯔] 올빅미　　雲雁[윈옌] 雲雀
野鷄[예지] 雉　　　　　　鴕鳥[퉈냐] 鴕鳥
鴿子[꺼쯔] 비들긔　　　　黃鶯[황잉] 黃鶯
鴨子[야쯔] 오리　　　　　翅膀兒[츼양얼] 날개죽지
鵝[어] 거위　　　　　　　羽毛[위만] 羽
家鴨子[쟈야쯔] 집오리

魚介部[위졔부]

金魚[진위] 金鮒魚　　　　海鯊魚[해사위] 鯊魚

鮫魚[쟈위] 鮫魚　　　　　比目魚[쎄무위] 比目魚
鱀魚[민위] 민어　　　　　烏龜(金龜)[우쮀진쮀] 거북
撒〔撒〕蒙魚[싸명위] 고동어　甲魚[자위] 자라
大頭魚(海鯽魚)[쟈투위해지위]　章魚[쟝위] 章魚
　도미　　　　　　　　　烏賊魚[우쪠위] 오젹어
鯉魚[리위] 鯉魚　　　　　螃蟹[팡쎼] 게
鯽魚[지위] 鮒魚　　　　　龍蝦[룽싸] 大蝦

蟲子部[츙쯔부]

蠶[짠] 뉘에　　　　　　　虱子[싀쯔] 虱
蝴蝶兒[후데얼] 나비　　　蛇蚤[쩌쏴] 베록
螞蜂[마펑] 벌　　　　　　臭蟲[추츙] 빈딕
蜜蜂[미펑] 쑬벌　　　　　蝸牛[쫘누] 蝸牛
螞蟻[마이] 기미　　　　　蛤蟆[흐머] 기고리
蜘蛛[즤쥬] 거미　　　　　蟋蟀兒[쉭쉭얼] 蟋蟀
蟲火兒[훠츙[츙훠]얼] 螢火　蛆[쥐] 구더기
長蟲[챵츙] 蛇　　　　　　蚯蟮[츤쏸] 蚯蚓
蒼蠅[창잉] 파리　　　　　蜈蚣[우쭝] 진네
蚊子[원쯔] 모긔

草木部[쫘무부]

植物[즤우] 植物　　　　　花[화] 花
樹木[쓔무] 樹木　　　　　椹兒[쎤얼] 實
水草[쉬쫘] 水草　　　　　松樹[쑹쓔] 松
草[쫘] 草　　　　　　　　梅樹[메쓔] 梅
野草[예쫘] 野草　　　　　櫻樹[잉쓔] 櫻桃
樹幹[쓔깐] 樹枝　　　　　杉樹[싼쓔] 杉
芽[야] 싹　　　　　　　　扁樹[쎤쓔] 檜木
葉子[예쯔] 입사　　　　　檀木[탄무] 향나무
樹根兒[쓔끈얼] 木根　　　梧桐[우퉁] 梧桐

桑樹[쌍우] 桑
桃樹[탸우] 桃
柳樹[루우] 柳
梨子[리쯔] 빅
槐樹[홰우] 槐
海棠[히탕] 海棠
躑躅[데쥬] 躑躅[躑躅]花
蘭花[룬화] 蘭花
藤蘿[텅뤄] 藤
牡丹花[무둔화] 牡丹
菊花[쥐화] 菊花
荷[허] 蓮
白果樹[비궈우] 銀杏
楓樹[꿍우] 楓
蘋果[핀[핑]쒀] 沙果
芍藥[쏴야] 芍藥
芭蕉[빠쟈] 芭蕉
橘子[쥐쯔] 유즈

無花果[우화꿔] 無花果
栗子[리쯔] 밤
柘〔石〕榴[씌류] 石榴
桂花[쎼[꿰]화] 桂花
棗兒[짜얼] 大棗
蓁子[쎤쯔] 기음
李子[리쯔] 오얏
胡桃[후탸] 胡桃
竹子[쥬쯔] 竹
蘆葦[루웨] 갈듸
葡萄[푸탸] 葡萄
杏兒[싱얼] 杏
十姊妹[씌제메] 石竹花
蒲菖〔菖蒲〕[창푸] 菖蒲
水仙[쒸썬] 水仙花
百合[배허] 百合
蕨菜[줴얘] 고사리
人蔘[싄썬] 人蔘

金石部[진씌부]

金[진] 金
銀[인] 銀
銅[퉁] 銅
鐵[톄] 鐵
銅鐵[퉁톄] 銅鐵
黄銅[강[황]퉁] 黄銅
紫銅(紅銅)[추[흥]퉁홍퉁] 赤銅
白銅[쎅퉁] 白銅
錫鑞[시라] 含錫
鉛[쳰] 鉛

水銀[쒸인] 水銀
黑鉛[희쳰] 黑鉛
金(銀)葉子[진인예쯔] 金(銀)箔
吸鐵石[시톄씌] 磁石
硫黃[루황] 石硫黃
玻璃[쌔리] 琉璃
寶玉[쌘위] 寶玉
寶石[쌘씌] 寶石
金剛石[진깡씌] 金剛石
水晶[쒸징] 水晶

真珠[쪈쥬] 眞珠　　　大理石[쯔리씌] 大理石
瑪瑙[마낱] 瑪瑙　　　雲石[운씌] 花崗石
珀琥〔琥珀〕[후쌔] 琥珀　珊瑚[싼후] 珊瑚

速修漢語自通 全

宋憲奭 編述

京城博文書館 發行

凡例

本書는支那語를獨習하도록編成한者니其次序는編首에音讀法과四聲平仄篇을列揭하고第一編에는文句用法, 第二編에는會話, 第三編에는對話를各一月分排로三十課式各項日用常言을蒐集하야三三九(即九十日)內에速成通譯을企圖케하고編末에는附錄名詞十部(即十日)分課를列揭하니前後總合이一百日이라因此書名을百日速修漢語自通이라함

速修漢語自通 目錄

支那音讀法
四聲平仄編
第一編 用法部

第一課 數字..................二〇頁
第二課 九九法................二一
第三課 月日..................二二
第四課 時令..................二三
第五課 干支及方角............二四
第六課 代名詞................二五
第七課 動詞（連話）..........二五
第八課 同....................二六
第九課 現在、未來、過去......二七
第十課 否定助動詞............二八
第十一課 後詞（語吐）的......二九
第十二課 同、是..............三〇
第十三課 同、亦、也..........三一

第十四課 同、比..............三二
第十五課 打字用法............三三
第十六課 怎麼字用法..........三三
第十七課 做字用法............三四
第十八課 要字用法............三五
第十九課 若字用法............三六
第二十課 叫字用法............三六
第二十一課 上同..............三七
第二十二課 着字用法..........三八
第二十三課 別字用法..........三九
第二十四課 不可、不行字用法..四〇
第二十五課 感歎詞............四〇
第二十六課 一數下에用하는名詞..四三
第二十七課 句..................四三
第二編 會話部
第一課 早您納..................四八
　　　　前課復習..............四五

第二課 借光…………四九
第三課 人事…………五〇
第四課 初面人事……五一
第五課 多賞盛設……五三
第六課 兄弟…………五四
第七課 昨天來………五五
第八課 前天…………五六
第九課 衣食住………五七
第十課 人身…………五九
第十一課 掉下來……六〇
第十二課 論性、約訪…六二
第十三課 那麽個事…六三
第十四課 氣球………六四
第十五課 革職………六五
第十六課 天氣冷……六六
第十七課 萬歲爺……六七
第十八課 定不了……六八
第十九課 獸、魚……六九

第二十課 不乏了……七〇
第二十一課 法律上에關한名詞…七一
第二十二課 醫病上에關한名詞 七四
第二十三課 神佛에關한名詞…七七
第二十四課 軍事上에關한名詞 七八
第二十五課 電報局…八一
第二十六課 遊約……八二
第二十七課 餞送……八二
第二十八課 語學……八四
第二十九課 官衙에關한名詞…八五
第三十課 郵便、銀行에關한名詞…八六

第三編 問答部

第一課 洋行去………八九
第二課 今幾日………八九
第三課 沒來信………九〇
第四課 學幾年………九一
第五課 丢了麽………九二

第六課 看新報…………九三
第七課 單語（天文）…九五
第八課 不餓麼…………九六
第九課 慈悲人…………九七
第十課 豪傑……………九八
第十一課 有何可食……九九
第十二課 冤枉…………一〇〇
第十三課 新鮮的肉……一〇一
第十四課 單語（地文）…一〇三
第十五課 問人兄弟之事情…一〇四
第十六課 理髮所………一〇五
第十七課 送書信………一〇七
第十八課 火輪船………一〇八
第十九課 借家…………一〇九
第二十課 久違相逢……一一〇
第二十一課 單語（人文）…一一三
第二十二課 開店後求番頭…一一三
第二十三課 回國………一一四

第二十四課 演說會……一一六
第二十五課 視察著書…一一七
第二十六課 休暇上山…一一八
第二十七課 買貨去……一二〇
第二十八課 單語（身體部）…一二一
第二十九課 作歌作詩…一二四
第三十課 複習…………一二四

附錄 名詞
傢伙部…………………一
衣裳部…………………
飲食部…………………
菜穀部…………………
走獸部…………………
飛禽部…………………
魚介部…………………
虫子部…………………
草木部…………………
金石部…………………

支那音讀法

(高) 가 此는「가오」二音이 相合ᄒᆞ야 成ᄒᆞᆫ者니 發音ᄒᆞᆯ時에「가」音은 完全히 發ᄒᆞ고「오」音은 가音下에 輕히 添入ᄒᆞ야 讀흠이라 (가下에 ㅗ字는, 오의 ㅇ을 除去흠이니 卽 오音을 上가字에 附ᄒᆞ야 速히 呼ᄒᆞ라 ᄒᆞᄂᆞᆫ 符號라)

(鬧) 나오 此는「나오」二音이 相合ᄒᆞ야 成ᄒᆞᆫ者니 發音ᄒᆞᆯ時에「나」音은 完全히 發ᄒᆞ고「오」音은 나音下에 輕히 添入ᄒᆞ야 讀흠이라 (意義及符號는 上項(高)字例와 相同ᄒᆞᆷ) 以下는 倣此

찬 TCHAo	단 DAo
간 KAo	란 LAo
탄 TAo	만 MAo
판 PAo	반 BAo
한 HAo	산 SAo
란 RAo	완 Ao
판 FAo	잔 CHAo

右와 如히 간, 난等字의 發音法을 一例ᄒᆞ야 朝鮮文 十四行에 皆通ᄒᆞ고 其外에 現今 普通文에 罕用ᄒᆞᄂᆞᆫ (ᄰᅡ)(ᄲᅡ) 二行이 又 有ᄒᆞ며 更히 强音되ᄂᆞᆫ 字 (卽 ᄭᅡ, ᄯᅡ, ᄲᅡ) 三行에 또 同一호 例로 通ᄒᆞᄂᆞ니라

(注意) (ᄰᅡ) 字는 사字 오字의 二字合音이오 (ᄲᅡ) 字는 바字 오字의 二字合音이니

(사)는 古者諺文十五行中 一로 在ᄒᆞ든 者이나 中間에 自然不用케되고 (바)는 近者 歐文發音을 譯讀코져 廣用ᄒᆞ는 者라 然則 其發音은 (사)(輕淸) RA의 音이오 (바)(輕淸) FA의 音이라

(九) 此는 「지우」二音이 相合ᄒᆞ야 成ᄒᆞᆫ 者니 發音ᄒᆞᆯ 時에 「가」音은 完全히 發ᄒᆞ고、우音은 지音下에 輕히 添入ᄒᆞ야 讀ᄒᆞᆷ이라 (지下에 ㄱ字는、우의 ㅇ을 除去ᄒᆞᆷ이니 即ㅇ音을 上지字에 附ᄒᆞ야 速히 呼ᄒᆞ라ᄒᆞ는 符號라)

(求) 此는 「치우」二音이 相合ᄒᆞ야 成ᄒᆞᆫ 者니 讀法은 上項例와 同ᄒᆞᆷ

깁 뿌 뀨 뿌
KIoU BIoU QUIoU FIOU

뉴 싀 튀
NIoU SIoU TIoU

뙤 유 퓌
DIoU IoU PIoU

뤼 쥐 휘
LIoU ChIoU HIoU

뮈 취 뤼
MIoU ChIoU RIoU

右와 如히 發音ᄒᆞ나니라

(注意) 「라」字와 「사」字의 音이 相近ᄒᆞ나 發音의 輕重이 有ᄒᆞ야 辨明ᄒᆞ기 易ᄒᆞ니

「라랴러려」等字의音을重強히發音ᄒ야「으라」의促音과如히呼ᄒ고ㅅㅏㅑㅓㅕ

等字의音을輕短히發音ᄒ야「을나」의合音과如히呼ᄒᄂ니라

(此二音을分明히發音치못ᄒ면言語를人이憧得치못홈)

(骰)ᄯᅮ 此ᄂᆫ「ᄯᅥ우」二字의合音

(走)쭈 此ᄂᆫ「저우」二字의合音

(口)쿠 此ᄂᆫ「커우」二字의合音

(後)ᄒᆔ 此ᄂᆫ「허우」二字의合音

(肉)수 此ᄂᆫ「서우」二字의合音

朝鮮普通文과相異ᄒ字ᄂᆫ字下에ㅗ,ㅜ二字를添付ᄒᄂᆫ字뿐이오其餘ᄂᆫ皆

原文과相同히發音홈

支那音四聲平仄篇

支那音에ᄂᆫ同一ᄒ音이나字의高低와音의強弱을隨ᄒ야上平、下平、上聲、去聲

等의 四聲이 有ᄒᆞ니 上平이라 ᄒᆞᆷ은 發音을 淸히 上ᄒᆞ야 稍히 止ᄒᆞᆷ이오 下平은 發音을 淸히 上ᄒᆞ야 短히 止ᄒᆞᆷ이오 上聲은 發音을 高히 擧ᄒᆞ야 長히 止ᄒᆞᆷ이오 去聲은 發音을 低히 擧ᄒᆞ야 促히 止ᄒᆞᆷ이라

左에 其發音法四百餘種을 列揭ᄒᆞ노라

上平	下平	上聲	去聲
아 是阿	○	아 阿哥	阿其麼
애 哀求	塵埃	高矮	愛惜
안 平安	○	○	河岸
앙 低昻	昻貴	○	俺們
오 熬菜	熬夜	綿襖	狂傲
자 渣滓	割文	一拃	乍見
차 义手	茶酒	扠腰	樹杈
재 齋戒	住宅	寬窄	欠債
채 折毁	柴炭	冊子	○

上平	下平	上聲	去聲
잔 沾染	○	一盞灯	驛站
찬 攙雜	嘴饞	産業	懺悔
장 章程	○	生長	賬目
창 娼妓	長短	木廠	歌唱
초 招呼	著急	察找	先兆
쵸 吵嚷	窩巢	煎炒	錢鈔
져 遮掩	摺奏	再者	這個
쩌 車馬	○	拉扯	裁撤
쎄 ○	○	○	這塊兒

젼	眞假	○	枕頭	地震
진	嗔怪	君臣	砢磣	趁着
졍	正月	○	整齊	邪正
쳥	稱呼	成敗	懲辦	斗秤
지	鷄犬	吉凶	自己	記載
치	七八	奇怪	初起	氣血
쟈	住家	夾帶	盔甲	價錢
챠	掐花	○	卡子	恰巧
	○	○	楷書	○
쟝	大江	○	講究	匠人
챵	腔調	牆壁	搶奪	戧木
쟌	交代	嚼過	手脚	叫喊
챤	敲打	橋梁	巧妙	俏皮
졔	街道	完結	解開	借貸

졔	切肉	茄子	況且	姬妾
젠	奸臣	○	裁減	見面
첸	千萬	錢財	深淺	該欠
지	知道	值班	指頭	志向
치	紅赤赤	遲誤	尺寸	翅膀
진	斤兩	○	錦繡	遠近
친	親戚	勤儉	寢食	狗嘍
징	眼睛	○	井泉	安靜
칭	輕重	陰晴	請安	慶吊
역	○	角色	○	○
취	○	○	○	推却
쥐	究辦	○	酒肉	救護
취	春秋	央求	飯糗	○
쥰	○	○	窘迫	○

(6)

튕	칱	진	헤	졔	찬	잔	췱	쳑	쥬	췱	뒝	훙
		君王	補缺	嚩嘴	圈點	捐納	冤屈居處	抽査	圍週	擂研	桌子	貧窮清濁
爵位	成羣	○	瘤殼	斷絕	齊全	○	溝渠	綢緞	車軸	○	○	○
○	○	菌子	○	蹶	犬吠	舒捲	取送	保擧	醜俊	臂肘	○	○
○	○	俊秀	確然	倔喪	勸戒	家眷	來去	句段	香臭	晝夜	寬綽	○

훈	준	췱	줴	챵	찬	잔	헤	쾌	촤	추	쥬
春夏	諄諄	吹打	追趕	鎗戶	裝載	穿載	專門	懷揣	拽泥	欸一聲	抓破	出外	猪羊
純厚	○	歪手	○	牀舖	○	車船	○	○	○	○	○	厨房	竹子
蠢笨	准殿	○	○	闖入	粗裝	痰喘	轉移	揣摩	鴨舵	○	鷄爪子	處分	賓主
○	○	○	廢墜	創始	壯健	串通	經傳	蹬踹	拉拽	○	○	住處	注處

중	충	어	언	형	얼	앨	반	방	예	앤	왜	얘	야
中外	充當	太阿	哼阿	○	發遣	翻騰	方圓	是非	分開	風雨	○	○	○
○	虫蟻	恩典	○	兒女	法子	煩惱	房屋	肥瘦	墳墓	裁縫	佛老	○	浮沉
腫疹	寵愛	額數	○	耳朶	反倒	頭髮	訪查	賊匪	脂粉	○	○	○	然古
輕重	鐵銃	爾我	○	○	佛法	喫飯	放肆	使費	職分	供奉	○	○	埠口
	善惡	搵倒		二三									

뿌	해	호	한	항	핟	헤	혼	형	훠	후	허	화	홰
夫妻	顖頂	哈哈笑	咳聲	打哼	蒿草	○	黑白	哼哈	鮑鹹	忽然	喫喝	花草	○
扶持	寒冷	蝦蟆	孩子	各行	絲毫	○	傷痕	公侯	恒久	茶壺	江河	泥滑	懷想
斧鉞	叫喊	哈吧	江海	好不好	黑豆	○	很好	牛吼	兒橫	龍虎	○	話敗人	○
父母	項圈	哈什馬	滿漢	好喜	恨怨	○	○	前後	○	戶口	賀喜	說話	損壞
			利害										

음				
쾅	歡喜	連環	鬆緩	更換
황	荒亂	靑黃	撒謊	一晃兒
회	石灰	回去	後悔	賄賂
훈	烘烤	鬼魂	欺哄	混亂
훙	劃日	死活	紅綠	貨物
시	東西	酒席	喜歡	粗細
샤	瞎子	雲霞	○	春夏
샹	香臭	詳細	思想	方向
싼	消減	學徒	大小	談笑
쎄	些微	靴輕	氣血	謝恩
쎈	先後	淸閒	危險	限期
신	心性	尋東西	○	書信
성	星宿	行爲	睡醒	姓名

음						
싼	○	修理	○	學問	椅枋	領袖
슝	兄弟	狗熊	○	○		
쎈	必須	徐圖	應許	候選	接續	
쎄	靴鞋	喧嚷	懸掛	揀選	鑽穴	
쉔	熏蒸	穴道	雨雪	營汛		
이	衣裳	一個	尾巴	容易		
산	○	巡察	沾染	○		
상	嚷嚷	然否	嚷閧	謙讓		
싼	○	甑子	圍繞	繞住		
시	○	饒裕	○	冷熱		
신	○	○	○	○		
성	扔棄	人物	容忍	責任		

한글	漢字 대응어들
시	○　○　○　日月
쉬	○　揉的一聲、剛柔　若論　剛繞
슈	○　如貼　如若　強入　出入　骨肉
슌	○　○　軟弱　花蕊　祥瑞
숭	○　榮才　○　氀毛　潤澤
섀	○　卡倫　○　○
셰	○　○　該當　改變　大概
키	○　開門　慷慨　追趕　才幹
샨	○　甘苦　○　○
간	○　看守　○　刀斫　看見

한글	漢字 대응어들
샹	○　土坍子　擅杠
캉	康健　扛擡　不抗不卑的、火炕
간	○　高低　稿案　告訴
새	○　尻骨　考察　依靠
캐	○　刻搜　○　放給
큰	根本　間哏　○　一指子
신	○　告不肯　道堰子　更多
멍	○　更改　○　○
캉	坑坎　○　影格　各自各兒　幾個
셰	哥哥　可惜了兒　可否　飢渴　賓客
켜	溝渠　小狗兒的　豬狗　足蹉
꾸	摳破了　○　○　口舌　叩頭

구	料估	骨頭	古今	堅固
쿠	窟窿	○	甛苦	褲子
과	瓜果	○	多寡	口掛
콰	誇獎	○	侉子	跨馬
괘	乖張	○	拐騙	怪道
쾌	○	○	擓痒庠	快慢
관	官員	○	管理	習慣
콴	寬窄	○	款項	○
광	光明	○	廣大	遊逛
쾅	誆騙	狂妄	○	況且
궤	規矩	○	詭詐	富貴
퀘	虧欠	揆守	傀儡	慚愧
군	○	○	翻滾	棍子棒子
쿤	坤道	○	閨閫	乏困

궁	工夫	○	金礦	通共
쿵	空虛	○	面孔	間空
궈	飯鍋	國家	結果	過去
쿼	○	○	○	寬闊
라	拉扯	邋遢	蝲蝲蛄	蠟燭
래	○	來去	○	倚賴
란	鬛鬖	貪婪	懶惰	燦爛
랑	檳榔	狼虎	光朗	波浪
랖	打撈	勞苦	老幼	旱澇
뤄	勒索	○	○	歡樂
레	累死	雷電	累次	族類
렁	○	稜角	冷熱	發愣
리	玻璃	分離	禮貌	站立
랴	○	○	倆三	○

룬	뎬	뤼	뤄	리	뤄	링	린	롄	례	량
混掄	○	○	樓衣裳	擁起袖子	一遛兒	○	○	接連	罷咧	商量
人倫	○	驢馬	摟房、	騾馬	収留	零碎	樹林子	憐恤	瞎咧咧	無聊	涼熱
渾圇著、	○	屢次	酒篓	裸身	楊柳	領袖	房檐	臉面	擺列	了斷	斤兩
講論	忽略	依戀	律例	鄙陋	駱駝	五六	謀略	另外	租賃	練習	料理	原諒

메	멍	먼	메	마	망	만	미	마	룬	란	루	별
昧䁾	懵懂	押揉	○	貓狗	白茫茫	顚頂	○	爹媽	窟窿	○	嘟嚕	○
迷惑	結盟	門扇	煤炭	羽毛	急忙	隱瞞	葬埋	麻木	龍虎榜、瓦隴	車輪	○	爐灶
米糧	勇猛	○	美貌	卯刻	鹵莽	豊滿	収買	馬鞍	圖圇	雜亂	船檣
機密	睡夢	憂悶	愚昧	相貌	○	快慢	發賣	打罵	胡弄 沒論	道路	大略

먀	메	면	만	망	무	머	뎍	무	나	내	난	낭	납
喵喵的貓叫、禾苗	哞哞的羊叫	○	○	○	姓名	揣摩	○	○	在這兒那	○	喃喃藝語	嘟囔	撓着
貌小	○	綿花	勉力	○	憐憫	○	甚麼	圖謀	模様	○	男婦	囊袋	鐃鈸
廟字	滅火	臉面	○	性命	謬妄	塗抹	○	某人	父母	牛奶	○	攉了一刀子 鼕鼻子	煩惱
						始末		草木	那個 那裏	耐時		炎難	熱鬧

내	녕	늬	냥	낳	네	년	닝	뉴	너	뉘	부	뷔
○	○	○	○	嚷嚷的貓叫	拈花	○	○	妞兒	○	○	○	○
才能	泥土	婆娘	○	擔弄	年月	呆獸	○	挪移	牛馬	○	○	
	擬議	蘊釀	鳥獸	○	捻匪	捻弄	安寧	鈕扣	○	○	○	男女
內外	老嫩	藏匿	○	屎尿	罪孽	念誦	佞口	暴虐	撐壞	拗不過來	儒弱	耕耨

（13）

상단

누	난	눈	능	어	위	새	빠	패	반	판	방	팡	퐁
○	○	○	○	哦一聲	毆打	八九	琵琶	擗開	拍打	輪班	高攀	幫助	胖腫
奴僕	○	暖和	○	訛錯	○	提拔	扒桿兒	黑白	木牌一屁股	○	○	盤查	旁邊
努力	○	老嫩	擺弄	偶然	○	把持	千百	狐下	板片	○	○	細綁	吹嗩
喜怒	○	○	善惡	嘔氣	恐怕	拜客	分派	整半	盼望	○	毀謗	○	袒護

하단

받	깐	베	패	분	벙	평	쌔	피	빤	빤	폐
包裹	抛棄	背負	披衣	奔忙	噴水	绷破	割烹	批評	標文書	漂沒	愁悶	擘開
厚薄	袍袖	○	陪伴	盆礎	○	逼迫	口鼻	皮毛	○	嫖賭	分別	○
保護	跑脫	南北	○	根本	○	手捧	筆墨	鄙俚	表裏	漂布	瞥嘴	撇了
懷抱	偸破	向背	配偶	噴香	進跳	碰破	務必	屁股	鰾膠	鰾票子	瞥拗	○

— (14) —

상단:

- 볜　邊沿　○　圓扁　方便
- 뗀　偏正　○　便宜　片段
- 빈　賓主　○　調拉　殯葬
- 핀　命　○　貧窮　品級　牝牡
- 빙　兵丁　○　禀報　疾病
- 핑　砰磅　○　憑據　聘嫁
- 버　水波　○　簸箕　鐵箕
- 퍄　土坡　○　婆娘　破碎
- 부　掊剋　○　剖開　不可
- 부　我不　○　不是　補缺
- 푸　鋪蓋　○　葡萄　普遍　鋪子
- 쎄　撒手　○　一眼撒著　洒掃　賭賽
- 새　顋煩　○　傘蓋　散放
- 산　三四

하단:

- 쌍　桑梓　○　嗓子　喪氣
- 산　騷擾　○　嘶嘶的叫狗　掃地　掃興
- 쎄　森嚴　○　害齒
- 성　僧道　○　銷上　追溯
- 쒜　調唆　○　老叟　咳嗽　平素
- 쑤　蘇州　○　搜察　笋計
- 쌴　酸的醎的　○　骨髓　零碎
- 쒜　雖然　○　跟隨　損益
- 숸　子孫　○　松樹
- 쌍　殺死　○　毛骨竦然　迎送
- 쎄　簸子　○　癡傻拏剪子刈一點
- 　　　　顏色　曬乾

(15)

쉬	쌍	쏸	쇄	쇠	수	시	성	션	써	쏸	상	산
○	成雙	拴捆	衰敗	刷洗	詩書	收拾	失落	生長	身體	賒欠	火燒	商量	山川
誰人	○	○	○	○	贖罪	生熟	九十	繩子	神仙	唇舌	力朳	晌午	○
山水	爽快	○	摔東西	耍笑	數錢	手足	省	使喚	裹捨	多捨	賞	當閃
睡覺	雙生	涮○	草率	○	數目	禽獸	謹愼	事情	謄下	射箭	老少	上下	善惡

더	딴	단	당	단	태	대	타	써	쒸	쉬
話叨叨	刀恩	刀槍	喝湯	應當	貪賊	單雙	孕胎	獸呆	他人	答應	絲線	說話	○
得失	逃跑	擡線	白糖	○	談論	○	扛撞	○	○	搭救	○	○
○	討要	顚倒	艣以	擋住	平坦	膽子大	好歹	佛塔	歐打	死生	朔望	順當
○	罷套	道理	燙子	典當	柴炭	鷄蛋	太甚	交代	狀楊	大小	四五	朔望

듸　志心　○　○　特意
데　小鑼兒鏑鏑聲兒　○　必得　○
덩　燈燭　○　等候　馬鎧
텅　鑿的皺聲兒疼痛　○　○　板撐
듸　我的　仇敵　到底　天地
리　樓梯　提拔　體量　替工
닫　貂皮　○　弔死　禿子
탄　挑選　條陳　跳躍　○
데　爹娘　○　○　○
데　體貼　重疊　○　○
덴　損量　○　圈點　銅鐵　牙帖　客店
렌　天地　莊田　挐吞頭餂　頂戴　定規　搱筆
됭　釘子　○　○　○
딍　聽見　停止　樹梃　聽其自然

듸　○　○　呀哇　○
뒤　丟失　○　搶奪　花朵兒　懶惰　○
뒤　多少　○　當安　唾沫
뒥　託情　駱駝　○　升斗　綠豆　透澈
헉　偸盜　頭臉　○
두　督撫　毒害　賭博　嫉妬　唾沫
루　禿子　○　塵土　長短　斷㳄
단　端正　○　○　對面　○
퉈　堆積　團圓　○　骸快　進退
붸　推諉　○　○　打盹兒　遲鈍
둔　敦厚　○　○　打盹兒　遲鈍
둔　吞吞吐吐　屯田　○　懶得　動靜
둥　冬夏　○　○　懶得　動靜

층　자　차　재　채　잔　찬　장　창　좌　찰　쎄　제　제

층	자	차	재	채	잔	찬	장	창	좌	찰	쎄	제	제
通達	腌臢	擦抹	栽種	猜想	簪子	參考	貪贓	倉庫	週遭	操練	○	○	○
會同	雜亂	○	才幹	偺們	慚愧	咱們	瞞藏	穿鑿	馬槽	○	則例	○	賊匪
統帥	咱的	○	宰殺	雲彩	攢錢	悽慘	○	來得早	草木	○	○	○	○
疼痛	○	○	在家	榮蔬	參贊	葬埋	○	造化	○	策	○	○	○

존　춘　정　재　쳐　젹　주　추　잔　별　해

존	춘	정	재	청	젹	쳐	주	추	잔	별	해
○	參差	增減	作房	蹬一聲	○	揉搓	租賃	粗細	鑽幹	一堆	催逼
怎麼	○	層次	昨日	矬子	○	○	手足	○	攢湊	馬驢	隨他去
○	怎麼	○	左右	○	行走	○	祖宗	○	纂修	嘴脣	○
○	餓贈	蹭蹬	作爲	錯尖	○	奏事	喫醋	揎住	逃竄	犯罪	萃集

(17)

음	漢字語
존	尊重　○　樽節
춘	村莊　存亡　忖量　尺寸　○
층	大宗　○　總名　縱容
층	蔥蒜　依從　○　子孫　寫字　○
츠	資格　○
와	刨挖　娃娃　甋瓦　鞋襪　次序
ㅊ	齜著牙兒笑　磁器　彼此　內外
왜	歪正　○　俗水　千萬
완	水灣兒　完全　早晚　忘記
왕	汪洋　王公　來往　爵位
위	微馴　行爲　委員　問答
운	溫和　文武　安穩　水甕
웅	老翁　○　○　○
워	窩巢　○　你我　坐臥

음	漢字語
우	房屋　有無　文武　芦物
야	○　丫頭　牙齒　文雅　壓倒
애	○　○　天涯　○　○
앙	央求　牛羊　養活　各樣
야	腰骸　遙遠　咬一口　討要
예	喫煙　嚏住　老爺　野地　半夜　河沿兒
엔	作揖　言語　眼睛　易經
인	聲音　盆處　○　用印
잉	應該　金銀　句引　○
위	約會　迎接　沒影兒　報應
위	愚濁　魚蝦　風雨　音樂　預備
웬	冤屈　原來　○　遠近　願意
쉐	子曰　乾嚥　○　年月

원 頭暈　雲彩　應允　氣運
위 憂愁　香油　有無　左右
용 平庸　容易　永遠　使用

以上例는 總支那音四聲의 一覽表니 個中 ○을 入한 者는 其音이 無홈을 標홈이오 上下로 小字 一 或 二를 記入한 者는 其字에 當한 文字를 表示홈이라 讀者는 時參考할지어다

速修漢語自通

第一編 用法部

第一課 數字

一 이 하나
二 얼 둘
三 싼 셋
四 쓰 넷
五 우 다섯

六 륙 여섯
七 치 일곱
八 쌔 여덟
九 쭤 아홉
十 시 열

百 배 빅
千 첀 쳔
萬 완 만
億 이 억
兆 짜 조

復習

十一、十二、十三、十四、十五、十六、十七、十八、十九、一百、
二十、三十、四十、五十、六十、七十、八十、九十、一百、
五百、一千、三千、九千、四萬、七萬、六億、三兆、

第二課 九九法

第三課　月　日

一이웨	二얼九十八·七치	三산九二얼二十七치	四쓰九四三十六뤼	五우九五十四쓰우	六뤼九六十五우	七치九七十六뤼	八새九八十一얼	九직九十一이	작새시얼
正정웨月									
二얼月									

三산웨月	七七四十九	二치치八十六	三산八二十四	四쓰八三十二	五우八四十	六뤼八四十八	七치八五十六	八새八六十四	새시뤼쓰
四쓰月									
五우웨月									

六月	四六二十四	五우六三十	六뤼六三十六	二얼七十四	三산七二十一	四쓰七二十八	五우七三十五	六뤼七四十二	뤼치쓰시얼
七치웨月									
八새웨月									

三산四十二	四쓰四十八	二얼五十	三산五十五	四쓰五十二十五	五우五二十
六月					
七月					
八月					

二얼二十四　二얼三十六　三산三十九　二얼四十八

第四課 時令

漢字	中國音	朝鮮語
九月	작웨	구월
十月	쇄웨	시월
十一月	시이웨	십일월
十二月	시얼웨	십이월
一日	이이	일일
初一	추이	초하로
初二	추얼	초잇흘
初三	추싼	초사흘
初四	추쓰	초나흘
初五	추우	초닷시
初六	추뤼	초엿시
初七	추치	초일헤
初八	추바	초여드레
初九	추쥐	초아흐레
初十	추시	초열흘
十五日	시우이	십오일
二十日	얼시이	이십일
二十五日	얼시우이	이십오일
三十日	싼시이	삼십일
月底 / 晦日	웨디 / 회이	월종 (月終)
大晦日 / 年底	다회이 / 년디	년종 (年終)
時	시	시
分	뺀	분
秒	먀오	쵸
點	뎬	뎜 (십오분)
刻	커	각
午	우	낫
夜	예	밤
一點鍾	이뎬즁	혼시
兩點鍾	량뎬즁	두시

八點鍾 션뎬즁	여닭시
十二點鍾 시얼뎬즁	열두시
一個禮拜 이거리비	일쥬일
半點鍾 밴뎬즁	반시
兩個禮拜 량거리비	두쥬일
早起 짜오치	아춤
晌午 샹우	낫
晩上 완샹	져녁
夜裏 예리	밤즁
半夜裏 밴예리	밤즁
今天 진톈	오날
明天 밍톈	릭일

昨天 쭤톈	어져게
前天 쳰톈	그젹게
隔一天 계이톈	결일
日後 이훠	다른날
前幾天 쳰지톈	젼일
半日 밴이	반일
整日 졍이	종일
天亮 톈량	식벽
黃昏 황훈	져녁
每天 메톈	미일
現在 쎈재	지금
剛纔 샹처	악사

立刻 리커	곳
回頭 회훠	잇다가
今年 진녠	금년
昨年 쭤녠	작년
明年 밍녠	명년
本月 번웨	본월
上月 샹웨	샹월(지눈달)
下月 쌰웨	릭월
每月 메웨	미월

第五課 干支及方角

子쯔 癸지 壬인 辛신 庚경 己긔 戊무 丁뎡 丙병 乙이 甲쟈

즈 계 임 신 경 긔 무 뎡 병 을 갑

亥히 戌슈 酉유 申신 未위 午우 巳쓰 辰쳔 卯묘 寅인 丑쥭

히 슐 유 신 미 오 ㅅ 진 묘 인 축

西시 西시 東동 東동 北베 南난 西시 東동
北베 南노 北베 南난

셔 셔 동 동 북 남 셔 동
북 남 북 남

第六課　代名詞

漢字	音	韓文
我	워	나
我們	워믄	우리들
我的	워듸	나의, 나의것
你	늬	로형
你們	늬믄	로형들
你的	늬듸	로형의, 로형의것
他	타	져
他們	타믄	져의들
那個	나거	그것
那	나거	무엇, 어늬것
這個	져거	이것
那兒	나얼	그곳
這兒	져얼	이곳
那兒	나얼	어느곳
這裏	져리	이리
那裏	나리	그리
您	닌	당신
您的	닌듸	당신의, 당신의것
誰	쉬	누구
誰的	쉬듸	누구의, 누구의것
這個	져거	이것

第七課　連話（動詞）

漢字	音	韓文
有麽	유마	잇슴닛가
有	유	잇슴니다
沒有	메유	업슴니다
看了麽	칸라마	보앗슴닛가
看了	칸라	보앗슴니다
沒看了	메칸라	보지못호얏슴니다

來了마　　　　왓슴닛가
來了麼　　래라
　　　　　래
　　　　　　　왓슴니다

還沒來了　아즉아니왓슴니다

（釋　麼는問辭니現在에多用하고沒은無의意니過去에用하며了는過去助動詞 나又現在에도用하느니라）

第八課　連語（動詞）

你要吃麼　너안치마　　너형잡슈시고져홈닛가
我要吃　　워안치　　　내가먹고져호오
我不要吃　워부안치　　니가안이먹고져호오
喝了麼　　　　　　　　마시엿슴닛가

來不來　대부터　　옴닛가안옴닛가
去不去　취부취　　감닛가가저안슴닛가
賣不賣　민부민　　팜닛가가파저안슴닛가

已經喝過了　이정히궈라　발셔마시엿슴니다
還沒喝過　　히메허라　　아즉마시지아니호엿슴니다
聽過了麼　　틩궈라마　　드럿슴닛가
聽過了　　　틩궈라　　　드럿슴니다

매팅켜라 沒聽過了

듯지못ᄒ얏슴니다

매-부메- 買不買

사신닛가아니사심닛가

운부운 問不問

뭇겟슴닛가아니뭇겟슴닛가

(釋)「要」는 推量詞니 未來를 包ᄒ고「己經」은 大過去니 下에「過了」字를 並用ᄒ고「還」은 아죽의 意니 副詞라

第九課 現在、未來、過去、니 副詞라

砍칸	砍了칸료	버혓다	打따	친다
穿찬	穿了찬료	입엇다	寫쎠	쓴다
開키	開了키라	여럿다	做쳐	지은다
砍칸바 罷	看칸	본다	學쌍	빅혼다
穿찬바 罷	生씽	난다	蓋세	집지은다
開키바 罷	種중	심는다	跑퐈	다라난다

버힌다 버히겟다
입는다 입겟다
열다 열겟다

(28)

看罷 칸바 보겟다   學罷 쒸바 비호겟다   打了 쎠랴 쳣다
生罷 썽바 나겟다   蓋罷 까이바 집짓겟다   寫了 쎠랴 씃다
打罷 쎠바 치겟다   跑罷 빠오바 다라나겟다 蓋了 까이랴 집지엿다
種罷 중바 심으겟다   打了 따랴 빗웟다(?)
寫罷 쎄바 쓰겟다   牛라   낫다   學了 쒸랴 지엇다
做罷 쭤바 짓겟다   看了 칸랴 보앗다   做了 쭤랴 셧다
                    種了 중랴 심엇다   跑了 빠오랴 다라낫다

(釋) 罷는 未來助動詞오 了는 過去助動詞라

第十課 否定助動詞

不知道 부지따오 아지못ᄒᆞ오
不要緊 부얖진   요긴치안소
不明白 부밍븨   명벡지안소
不懂得 부둥더   아지못ᄒᆞ오 (해득지못ᄒᆞ오)
不淸楚 부칭추   똑똑지못ᄒᆞ오
沒定規 메딍궤   결졍ᄒᆞ지못ᄒᆞ얏소

沒回來 메회티 도라오지아니하얏소
沒有錢 메위첸 돈이업소
沒在那兒 메저나얼 거긔업소

（釋）不은現在에用하고沒은過去에用하며 或現在에 도用하느니라沒을現在로用하는時는無字의意가됨

第十一課　後詞（의） 的 의

您的表 닌듸뱌오 당신의시계
你的信 니듸신 로형의편지
我們的弟兄 워믄듸듸슝 우리의형뎨
他的鞋 타듸셰 져의신
我們的朋友 워믄듸펑유 우리들의친구
他們的話 타믄듸화 져의들의말

沒有法子 메위빠쯔 방법이업소
還沒開門 해메키믄 아즉문을열지아니하얏소

你們的意思
로형들의 싱각

院子的樹
(庭)뜰의 나무

你們的銀行
로형들의 은힝(銀行)

他們的公司
저의들의 회샤(會社)

我們的國
우리의 나라

(解)表는 時計오 信은 書簡이오 院子는 庭이오 公司는 會社오 的은 後詞「之」即「의」의 意라

第十二課 後詞(는)(은) 是읙

他是我的親戚
저는 나의 친척이오

那個人是喝酒
그 사람은 술을 마시오

梅花是好看
매화는 보기 좃소

那個房子是舊
그 집은 놀것소

這個屋子是新
이 방은 식거시오

這個藥是苦
이 약은 쓰오

(31)

마쓰쾌퐌
馬是快跑
말은쌜니다라나오

부젹듸쓰만
牛走的是慢
소의거름은더듸오

(解) 跑는走也오走는步也오初五는五日也오禮拜四는木曜日이라(禮拜一은月曜오禮拜二는火曜오禮拜三은水曜오禮拜四는木曜오禮拜五는金曜오禮拜六은土曜오禮拜日은日曜日이라)是는後詞의은、는、이等의意가됨

第十三課　後詞 (도) 亦。也

진텬쓰졍웨츄우
今天是正月初五
오날은졍월초오일이오

차롄쓰리비쓰
昨天是禮拜四
어제는목욕일(木曜)이오

워예매
我也買
나도사오

망텐예티
明天也來
릭일(來日)도오

넌예쳐
您也坐
로형도안지시오

쟈쳰예꿰
價錢也貴
갑도빗싸오

져얼예유
這兒也有
여긔도잇소

인항예우
銀號也有
은힝(銀行)도잇소

나얼예무
那兒也沒有
거긔도업소

신보예칸
新報也看
신보(新報)도보오

(32)

道兒也遠 (단얼예웬) 길도머오

(解) 價錢은 價也오 銀號는 銀行也오 新報는 新聞也오 道兒는 路也오 也는 亦也라

酒也喝烟也吃 (쟉예허옌예치) 술도먹고담빅도피오

第十四課　後詞 보다 (比)

比這個東西好 (비져거둥시화) 이물건보다좃소
比那個東西不好 (비나거둥시부화) 그물건보다죠치안소
比那個道兒近 (비나거단얼진) 그길보다갓갑소
比那兒遠哪 (비나얼웬나) 그곳보다는머오
比中國話不難 (비중궈화부난) 한어보다는어렵지안소

牛比馬有力量 (누비마유리량) 소가말보다힘이잇소
比冷的時候兒好 (비렁되시훠얼화) 치울때보다는좃소
比筭學怎麼了 (비쏸쑈준마라) 산학보다는엇덧슴닛가
你比我快 (늬비워쾌) 로형이나보다쌔르오

(解) 中國話는 支那人이 漢話를 自稱홈이오 力量은 筋力이오 兒는 話辭니 名詞下

― (33) ―

에多用ㅎ고 哪ᄂᆞᆫ 對話時答應ㅎᄂᆞᆫ 語辭오 比ᄂᆞᆫ보다의 意라

第十五課 （打字用法）（브러）

（解）打ᄂᆞᆫ 從字의 意오 抄道ᄂᆞᆫ 間道也오 家裏ᄂᆞᆫ 家中也라

打抄道跑罷
시이길노다라 납시다

打前門進去了
압눈으로 나아갓슴니다

打下午十點鍾睡覺了
하오십시브터 잣슴니다

打家裏來
집으로브터 옴니다

打早起到晚上寫字了
아츰브터져녁시 지글써엿슴니다

這個雨是打下半天可以住罷
이비ᄂᆞᆫ 오후브터 긋치겟지오

第十六課 （怎麽字用法）（웨 읏지）

怎麽沒來了
웨오지 아니ᄒᆞ엿슴닛가

怎麽這樣
웨이러케덥슴닛가

這一向怎麽樣了
요계ᄂᆞᆫ 엇디ᄒᆞ심닛가

他怎麽不來的
저사람은 웨 아니 옴닛가

怎麽沒有信息的
웨소식이 업슴닛가

怎麽這熱的了
웨이러케 덥슴닛가

怎麽那麽貴的
웨이러케 빗쌈닛가

부지젼마거쓰쵱라 히에회티
不知怎麼個事情了、還沒回來
웬싸닭인지모르겟소、아즉도라오지아니호엿소

젼마나마노뇌라
怎麼那麼開的了
웨그러케써드럿습닛가
不知怎麼的、我頭疼得難受
부지젼마듸워쳐렁더노쇽
웬일인지모르겟소、뇌가두동이나오

(解)(怎麼)는何故의意오這一向은近者의意오信息은消息也오鬧는騷動也오
頭疼은頭痛也오難受는困瘁難堪의意오事情은事故也라

第十七課 (做)字用法(호다)

뇌지나얼취션마듸
你在那兒做甚麼的
로형이거긔셔무엇을호시오
닉쉬션마
你做甚麼
로형이무엇을호시오
타쓰쥐션마듸
他是做甚麼的
뎌사람은무엇을흠닛가

(解)甚麼는何樣也오做는作、爲의意오工夫는暇隙也오頂은浪의意也라

第十八課 要字用法(願意)

부쥐션마따쓰칭
不做甚麼大事情
무슨큰일은호지안슴니다
쥐라이녠듸궁부
做了一年的工夫
일년동안호엿슴니다
닉쥐져뎡화
你做着頂好
로형이만들기를미우잘호엿소

워얀나거
我要那個
나는그것을 요구호오

타얀져거
他要這個
저는이것을 요구호오

화타부얀쉐화
和他不要說話
저하고 말하기 요구치안소

얀부얀
要不要
원호오 원치아니호오

얀호이샹
要好衣裳
조흔의복을 요구호오

얀이부슈
要一部書
척흔갈을 요구호오

얀마이져거둥시
要買這個東西
이물건사기를 요구호오

얀쏭따워쟈리취
要送到我家裡去
닉집전지가져가기를 요구호오

쌰회얀닌신시
下回要你臨席
다음에는 출석호시기바라오

(解) 東西는 物貨也오 臨席은 出席也오 和는 與也오 說話는 談話也오 要는 願意也라

第十九課　若字用法 (면의 意)(거든의 意)

워취쮜콰이라이바
若去就快來罷
가거든얼는 오시오

워쌰워부취
若下雨我不去
비가오면 나는 가지안소

若不買就沒有了
아니사면곳업서집니다

若不要就拿回去
원치아느면곳가지고가겟소

若在家要見一見
집에잇스면혼번보고십소

(解) 就는 即也오 快는 速也오 拿는 持也오 見一見은 待也오 等着은 待也라

第二十課　叫字用法　(被의 意라)

耗子叫猫拿住了
쥐가고양이에게잡히엿슴니다

表叫賊偸了去了
시계를도젹에게도젹마졋슴니다

莊稼叫水淹了
곡식이물에잠겻슴니다

賊叫巡捕拏住了
도젹이순사에게포박되얏슴니다

您若來我可以等着
로형이오시면나기다리겟소

您若回去我也是回去
로형이도라가면나도도라가겟소

院子裡的松樹叫昨天的風都例了
나거해쯔약친나무가어제바름에너머졋슴니다

那個孩子叫父親責吃哪
그아히눈아비에게꾸지람밧소

昨兒夜裡叫耗子打了
어졔져녁에쥐에게물녓슴니다

(解) 叫는 被、使、의 意오 拿住는 擾拿也오 表는 時計也오 莊稼는 作物也오 巡捕는 巡查也오 責吃은 被責也오 犟는 與拿로 同也라

第二十一課 (續) 叫 (使의 意)

쟈라춰 叫他做 져로ᄒᆞ여곰ᄒᆞ게ᄒᆞ오

쟌라미지거 叫他買幾個 져로ᄒᆞ여곰몃개를사게ᄒᆞ오릿가

쟌라미얼시리거라 叫他買二十來個 져로ᄒᆞ여곰이십여기사게ᄒᆞ얏슴니다

쟌라쉬바 叫他說罷 져로ᄒᆞ여곰말ᄒᆞ게ᄒᆞ시오

쟌라캐거슈푸라 叫他開個書舖了 져로ᄒᆞ여곰셔포를니게ᄒᆞ엿슴니다

청쟌라쏭ᅄᅢᆫ신 請叫他送封信 쳥컨디져로편지를보니게ᄒᆞ시오

제부쟌라쉬쟈화 決不叫他說假話 결코그짓말은ᄒᆞ게아니ᄒᆞ겟소

쟌신쏭단부쌍니 叫人送到府上呢 사람으로ᄒᆞ여곰딕으로보니오릿가

청워재ᅄᅢ이뗀디꽁부 請叫我再歇一天的工夫 쳥컨디나로ᄒᆞ여곰하로만더놀게ᄒᆞ야쥬시오

청ᅈᅢᆫ져ᄲᅦᆫ슈쟌워넨 請把這本書叫我念 쳥컨져책을갓다가내게읽혀쥬시오

이뎡쟌타팅주 一定叫他停住 ᄭᅩᆨ긋치게ᄒᆞ오

부쟌타간나 不叫他趕那 쟌라밧가나

부쟌타빠오카 不叫他報考 시험을보지못ᄒᆞ게ᄒᆞ엿슴니다

쾌잔타진치바 快叫他進去罷 얼는겨로ᄒᆞ여곰나가게ᄒᆞ시오

(解)封信은書信也오 假話는慌說也오 府上은貴宅也오 呢는語辭오 本薔는冊也 오 念은讀也오 停住는止也오 報考는試驗也라

第二十二課 着字用法 (면셔, 을,슬)

년져샹라
念着想了
읽으면셔싱각ᄒᆞ오

쉬져쥭라
說着走了
말ᄒᆞ면셔간다

쌰져숴라
笑着說了
웃으면셔말ᄒᆞ오

쿠져ᄂᆞ일나
哭着玩兒哪
울면셔구경ᄒᆞ오

쌰져왕라
學着忘了
빅호면셔이져바리오

영져치취라
生着氣着了
셩닉면셔가오

치져앤
吃着飯
밥을먹소

허져쥭
喝着酒
슐을마시오

쎄져ᄌᆞ
寫着字
글씨를쓰오

칸져슈
看着書
글을보오

（解）着은助辭니면셔、又는을、를、을等의意오 玩兒은觀賞의意오 生氣는怒也오 吃은食也오 喝은飮也라

第二十三課　別字用法（勿의意）

別送別送　젼송마시오
別多喝水　물을만이마시지마시오
別拿州個去　그것가지고가지마시오
千萬別喝酒　부터술마시지마시오
別說糊塗話　안되는말은ᄒᆞ지마시오
別大聲喊　큰소리지르지마시오

別吃不好的東西　조치아는물건은먹지마시오
別買那麽個東西　그러호불건우사지마시오
別受傷了　상쳐내지마시오
別着凉了　감긔들지마시오
別忘了昨天說的話　어제호말을잇지마시오

(解) 千萬은 懇請의 意오 糊塗는 不明白의 意오 喊은 號也오 那麼個는 如彼之의 意 오 着凉은 被感毒也오 受傷은 被傷也라

第二十四課 (不可) (不行) 字用法

부커부쉬화 不可不說話 말아니홀슈가업슴니다

부커쮜쮜뼤되쓰 不可做別的事 쓴일을ᄒᆞ여셔는안되오

부커찬뇨 不可吵鬧 쎠드는것이불가ᄒᆞ오

부커제슈지 不可折樹枝 나무가지썩는것이불가ᄒᆞ오

부커쌍ᄫᅵᆼ샹 不可上房頂上 집ᄫᅳᆼ마루에오르는것이불가ᄒᆞ오

저쑈랑리부커찬뇨 在學堂裏不可吵鬧 학당에셔쎠드는것이불가ᄒᆞ오

부커쉬우용듸화 不可說無用的話 쓸데업는말을ᄒᆞᆷ이불가ᄒᆞ오

츠라부커 遲了不可 더듸여셔는눈불가ᄒᆞ오

완라부ᄒᆡᆼ 晩了不行 느껴셔는안되오

늬부틱부ᄒᆡᆼ 你不來不行 로형이오지아니ᄒᆞ면안되오

(解) 吵鬧는 鬧亂也오 房은 家屋也오 頂上은 屋根也오 不行은 不可也라

第二十五課 感嘆辭

(41)

(啊)

쓰아 是啊 그럿소

나희키이아 那還可以啊 그것이아죽 판계치안쇼

이성판아 一定跑啊 싹다라나오

(哪)

워히쌋나 我還小哪 나는아죽졈으오

메리회나 沒理會哪 연량못ㅎ엿소

(咑)

쓰워러 是我咑 나이오

메거바쯔러 沒個法子咑 훌슈업소

진훼눈러 進退兩難咑 진퇴가량난이오

타쓰링리러 他是怜悧咑 졔가령리ㅎ오

(呢)

밍땐늬 明天呢 래일이구려

미라늬 買了呢 사스구려

워라ㄴㅢ
爲了難呢
어렵구려

（呀）

쓰쉬야
是誰요
누구요

쩬듸야
眞的呀
참이오

쟈듸야
假的呀
그짓이오

（噯呀）

애야댣부더라
噯呀了不得了
아이구겨딜슈업소

애야링라
噯呀痛了
아이구압흐오

애야왕라
噯呀忘了
아이구이졋소

이콰쥬바
哎快走罷
자―얼는갑시다

이해랴밍라
哎害了命了
오―무셥소

（哎）

（噯）（呀）

애쌰워라
噯下雨了
아이비가왓다

야、花都謝了
아이꼿이다허여졋다

（節）以上等字는總히感歎辭라語形을隨ㅎ야種種의意를成ㅎ니語學者ㅣ同一ㅎ類를採集ㅎ야比較攻習홈이可홈

第二十六課　一數下에 用ㅎ는 名詞句

一張紙　조히 훈 장
一件衣裳　에젼 이상
一套衣裳　옷 훈 벌
一重衣裳　옷 훈 중
一鍾酒　술 훈 종즈
一碗茶　차 훈 곱부
一本書　칙 훈 권

一部書　칙 훈 부
一頁新報　신문 훈 쪽
一隻鷄子　둙 훈 마리
一匹馬　말 훈 필
一塊墨　먹 훈 장
一輛車　차 훈 치

(44)

이지개쎄 一枝筆 붓훈자루
이거젠쯔 一個鋤子 낫훈지미
이꽌쎄 一管筆 붓훈자루
이뛔위 一隊魚 고기훈뛔
이쌍무지 一雙木屐 나무신훈쌍
이뛔훠쾌즈 一對火筷子 화져ㅅ갈훈쌍
이지챤 一隻船 비ㅅ훈쳑
이양신 一封信 편지훈봉

이궈쏭수 一棵松樹 솔나무훈쥬
이쿤체훠 一細柴火 나무훈뭇금
이룬메화 一輪梅花 민화훈송이
이젠방 一間房 집훈간
이피쳥 一正綢 비단훈필子
이쟝딴즈 一張刀子 창칼훈기
이쾌양쳰 一塊洋錢 돈일원
이빠쏸즈 一把扇子 부치훈扇자루

第二十七課　前課復習

이시쟝단 一夕講談 하로져녁이약이　　이편른은 一篇論文 논문훈편

現在是幾點鍾
剛打了三點鍾
從那兒來麼
你看過了麼
怎麼話呢
念着書
還沒定規
怎麼個事情呢
慢慢的走罷

你學中國話麼
昨天是禮拜
您上那兒去
還沒來了
己經看過了
寫着字
聽不清楚
有甚麼法子
他不能喝酒

東西也好價錢也賤
打小路走罷
穿了中國人的衣裳
你要買這個東西
若颱風不能開船
莊稼叫水淹了
叫我買那個東西
叫他說一說
哭着說了
他在舊院裏看着書
別拿這個來

別忘了昨天說的話
不可說無用的話
晚了不可
遲也不可
他不來不行
一定跑啊
沒理會哪
他是恰悧嗒
是我呢
你買了呢
是眞的呀

이야워왕라 嗳呀我忘了
화무쎄라 花都謝了
져쓰이피마 這是一匹馬

매라이쌔싼쯔 買了一把扇子
나쓰이지지쯔 那是一隻鷄子
쎄워이쾌양첸 給我一塊洋錢

以上二十七課는一個月分의科程으로區分훈者이니學者는必一課式一日에暗誦홈이可홈

第二編 會話部

第一課 早您納

좃닌나 早您納
일슴니다

좃아 早啊
일슴니다

늬할아 你好啊
로형엇더시오닛가

뒤쭉워와 托福我好
덕턱으로잘잇슴니다

시쎼라 失陪了
쏘뵙겟슴니다

쳐젼쳐젼 再見再見
쏘뵙시다

늬쎠져바 你歇着罷
쥬무시오

討擾您
방히시겻슴니다

나일의화늬 那兒的話呢
쳔만에말슴이오

잔삿잔삿 攪擾攪擾
시꾀럽게호엿슴니다

호쉬호쉬 好說好說
조흔말슴이오

(解) 早您納은朝에語호는人事오您好啊는何時를勿論호고通稱호는人事오托

福은「惠澤으로」의意오 失陪는再見의敬語오 討擾는「妨害시겻다」ㅎ는意 오 那兒的話呢는「무슨말이오」의意니 好說好說과 意義가 不同ㅎ나 或時를 因 ㅎ야同樣으로用ㅎ나니라

第二課 借光

워티라
我來了
내가왓슴니다

닌래라마
您來了麽
로형오셧슴닛가

제팡닌나
借光您納
용셔ᄒᆞ시오

제팡제팡
借光借光
용셔ᄒᆞ시오, 용셔ᄒᆞ시오

칭양터
請上來
쳥ᄒᆞ건ᄃᆡ올나오시오

칭진터
請進來
쳥ᄒᆞ건ᄃᆡ드러오시오

칭쒀칭쒀
請坐請坐
안즈시오

칭푸양
請鋪上
자리셔라시오

칭닌등이회얼
請您等一會兒
좀기다리시오

진얼거의저한뎬처
今兒個實在好天氣
오늘은참조흔일긔올시다

쓰아
是啊
네그럿슴니다

서더훈 熱得很 미우더웁슴니다
혼렁랴 很冷了 미우춥슴니다
후산듸렁치래랴 忽然的冷起來了 몹시춥게되엿슴니다

(解)借光은仰賴又는請恕의意오 上來는入房入來호라는意오 進來는入來의意오 舖는坐蒲團이오 忽然的는劇遽의意오 冷起來了는冷호게되엿다호는意라

第三課　人事

닌한아 您好啊 엇더시오닛가
뭐뿍한 托福好 덕틱으로잘잇슴니다
중위쑉한아 衆位都好啊 여러분다안녕호심닛가
뭐뿍한 托福都好了 덕틱으로다잘잇슴니다

킁쭌킁탕쎵쑉랴마 令尊令堂都好了麽 양친이다안녕호심닛가
혼캉젼닌나 很康健您納 네덕분에강건호심닛가
뿌썅쏘쑉랴마 府上都好了麽 틱닉가다일안호시오닛가
뭐뿍쏘쑉랴 托福都好了 덕틱에다잘잇슴니다

쪄양전마양라
貴恙怎麼樣了
병환이엇더ᄒ심닛가

쳥운쳥운
承問承問、托福好了
무르시니、고맙소、덕분에、나엇슴니다

부수약라마
不舒服了麼
편치아느심닛가

不大舒坦
단단히신긔가불편ᄒᆷ니다

좀마ᄃᆡ라
怎麽的了
엇지ᄒ야그럿슴닛가

쟌랑라뤄텽
着凉了頭痛
감긔가드러셔머리가압푸오

렌얜쎈훈부환
臉顔色很不好
얼골빗치민우죷치안습니다

져량쌴텐쓴ᄎᆞ부쎠수탄
這兩三天身子不大舒坦
이삼일은몸이디단불편ᄒᆞ오

밧즁밧즁
保重保重
조셥ᄒ시오

쳥닌위칭셰셰
承您美情謝謝
쳐졀ᄒᆫ말솜듯슴소오니감사ᄒ오이다

(解) 令尊令堂은 人의 父母를 稱홈이오 府上은 宅內의意오 不舒服은 不康健의意오 着凉은 被感의意오 保重은 珍攝의意오 謝謝ᄂᆞᆫ 多感의意라

第四課　初面人事

추젼추젼
初見初見
쳐음뵙슴니다

추젼추젼
初見初見
쳐음뵙슴니다

久仰大名　셩식우익히드럿슴니다
彼此彼此　피츠업슴니다
我姓金，請您抬愛　닉성은김가오이호호시기바람니다
賤姓李往後請您照應　천셩은리가오이후로결친호기바라오
以後請您認知　이후에아러쥬시기바람니다
請您提拔　잘도와주시기바람니다
久違久違　오닉못보엿슴니다
彼此彼此　피츠새츠업슴니다

勞駕勞駕　슈고호셧슴니다
好說好說　한셰한셰천만에말솜이올시다
辛苦了你啊　신쿠라뇌아한셰호셧슴니다
好說您納　천만에말솜이오
多蒙照顧了　마니신셰졋슴니다
那兒的話呢　뭐얼의화늬무슨말솜이오
多蒙您的愛抬了　마니페시겻슴니다
照應不到　쟈잉부딱아무것도혼것업슴니다

(解)大名은高名也오抬愛는愛眷也오照應은庇護의意오提拔은愛庇의意오勞駕는受苦의意오照顧는愛顧也오不到는不周到의意라

第五課　多賞盛設

뒤상상시　多賞盛設
너무잘차렷습니다

찬수부청징이　草率不成敬意
차린것업서서공경을이르지못힛습니다

위삽위삽　有擾有擾
폐시겻습니다

젠만젠만　簡慢簡慢
도로혀실례ᄒᆞ엿습니다

궁시궁시　恭喜恭喜
감츅ᄒᆞ오이다

이상이상　哀傷哀傷
불상ᄒᆞ오이다

뾱친ᄌᆡ쟈라마　父親在家了麽
아바님딕에게시오닛가

샹ᄎᆔ취라　剛出去了
금방나가셧습니다

마마예라이바　媽々也來罷
어마니도오시오

워예쓰취　我也是去
나도가겟다

링웡ᄀᆞ쒀　令翁高壽
조부장츈츄가올마시오

워듸주뿌진년유뤼시새쎄랴　我的祖父今年有六十八歲了
우리조부는금년에륙십팔셰올시다

내내쇄조취라마
奶奶睡覺去了麽
할머니쥬무시러가셧슴닛가

주무희께쇄챤나
祖母還沒睡覺哪
할머니아즉아니쥬무심니다

우슈쌔져거워미
叔叔把這個給我買
아자씨이것을닉게사셔쥬시오

쎄눈쌔누-거히학되
給你比那個還好的
저거보다더조흔것을사셔쥬마

딍쏭제ㄴ얼랴
令兄在那兒了
빅씨눈어듸계심닛가

쳰제제배징나
現在在北京
지금북경에게심니다

(解)草率은麁粗也오有擾는感悚의意오簡慢은反爲失禮의意오恭喜는感祝의意오剛은今者의意오媽々는母親也오令翁은他人의祖父를尊稱홈이오奶々는祖母의敬語오還沒은尙未의意오北京은支那首都也라

第六課　兄弟

닉의쎄쎄우콴부쓰
你的哥々是武官不是
빅씨눈무관이아니시오닛가

쑈탕리당쌰씨
學堂裏當敎習
학교교亽올시다

히딍쑹쉬져거화바
和令兄說這個話罷
빅씨에게이런말숨호시오

쥰밍
遵命
그리호오리다

히제제팅젼의마
和姐々聽見的麽
누님에게드럿슴닛가

부쓰
不是
아니오

제제쓰취년츄셔쓰라
姐々是去年出閣了
누님은거년에시집갓슴니다
是麽
쓰마
그러오닛가

링제쓰샨더라바
슈姐是曉得了罷
미씨가아시겟슴닛가
월샹써셔쓰지또
我想大槪是知道
아마알듯ᄒᆞ오이다

(解)哥々는兄也 오 武官은軍人也 오 敎習은敎師也 오 遵命은奉行也 오 姐々는姉妹也 오 出閣은出嫁也 오 曉得은知也라

第七課　昨天來

타쭤쳐런듸되
他是昨天來的
져논어졔왓슴니다
워쓰진텐따되
我是今天到的
나는오놀왓슴니다

타쭤더쾌
他走得快
제가쌀니갑니다
워쭤더만
我走得慢
늬가더듸감니다

얖미되쓰부마
要買的是牛麼
살것이소오닛가
부쓰얖미되쓰마
不是要買的是馬
아니오 살것은말이올시다

부싱얼쩍
步行兒走
거러셔감니다
저짜얼양쨘져라
在道兒上站着了
길우에셧슴니다

在床上躺着了 저챵양랑져타 침상우에 누엇슴니다

再不能吃 저부녕치 다시는 더 먹을 슈업슴니다

你可以拿來 니키이라티 로형이 가져 오시오

你打那兒來的 니쨔나얼티되 로형이 어듸로브터 오심니가

我起家裏來的 워치자리티되 나는 집으로브터 옴니다

你懂得不懂 니둥더부둥 로형이 아심닛가, 모르심닛가

我不懂 워부둥 나는 아지 못호오

懂得一點兒不多 둥더이뎬얼부둬 조금밧게는 모름니다

(解)快는速也 오慢은遲也 오站着는立也 오躺着는臥也 오拿는持也 오懂은解得也 오一點兒는少許也라

第八課　前天

前天就是前兒 쳰텬주쓰쳰얼 前天은 곳 前兒라 홈니다

昨天還是昨兒 저텬희쓰저얼 昨日은 昨兒라고도 홈니다

每天早起起來 메텬쟈치치리 每日 일즉 니러남니다

晌午錯了 양우취라 晌午 정이 지낫슴니다

양쌘톈쌰위랴
上半天下雨了
午前에 비가 왓슴니다
쌰밴톈칭랴
下半天晴了
午後에 날이 개엿슴니다
첸밴예쌰쉐랴
前半夜下雪了
子正前에 눈이 왓슴니다
후밴예렁랴
後半夜冷了
子正後에 눈 추웟슴니다
메의궁우
沒有工夫
겨를이 업슴니다
톈쌍윈채만랴
天上雲彩滿了
하늘에 구룸이 가득홈니다

진얼완썅졘바
今兒晚上見罷
오늘 져녁에 봅시다
웨량헌하오
月亮很好
달이 미우 좃슴니다
쌰우헌따
下霧很太
안기가 마니 나림니다
쌰징톈쓰톈장
夏景天是天長
여름은 희가 기옵니다
똥톈쓰톈돤
冬天是天短
겨울은 희가 짤슴니다

(解) 前天과 前兒는 再昨日也오 昨天과 昨兒는 作日也오 晌午는 午正也오 錯호過
也오 上半天은 午前也오 下半天은 午後也오 前半夜는 子正前也오 後半夜는 子
正後也오 工夫는 暇也오 夏景天은 夏日也라

第九課 衣食住

(58)

天天兒洗澡就好
뎬뎬얼시짝주한
놀마다沐浴ᄒᆞ는것이곳좃슴니다

拿撢子撢一撢
나딴쯔딴이딴
ᄯᅥ리개를갓다가혼번ᄯᅥ르시오

這個褲子太小
쪄거쿠쯔태쌰오
이바지가미우작소

衣裳破了
이쌍퍼랴
옷이ᄯᅥ러젓슴니다

趕緊的補了就好
깐진듸부랴쥬하오
급히것는것이곳좃슴니다

針線是女人的本事
쪤쎈쓰뉘신듸번쓰
針線은女人의職務올시다

那褂子太長之合式
나과쯔태창쯔허시
그周衣는너무기러셔맛지안슴니다

這砍肩兒是前興的
져칸쪤얼쓰시신듸
이죽기눈시체것이올시다

他穿外國衣裳
타촨왜궈이쌍
졔가外國衣服을입엇소

這個屋子很幹淨
쪄거우쯔훈깐징
이집이미우ᄭᅢᆺᄉᆞᆺ하오

這一條手巾腌臟了
쪄이탸오셔진양쟝랴
이혼개수건이더럽소

這是皮做的靴子
져쓰피쮜듸화쯔
이것은가죽으로만신이오

金子比銀子貴
진쯔비인쯔꿔이
金은銀보다빗싸오

你愛喝湯呢
늬의허탕니
ᄂᆡ가愛喝湯呢로형은국을잘잡수심닛가

不是我愛吃菜
부쓰워이치ᄎᆡ
아니오ᄂᆡ菜를먹슴니다

甚麽菜是好麽
선마ᄎᆡ쓰하오마
무슨ᄎᆡᄉᆞ가좃슴니가

(解)天天兒는每日의意也오洗澡는沐浴也오攩子는拂也오攩子는袴也오補는縫補也오本事는職務也오衧子는不合式오砍肩兒는胴衣也오時興은流行也오乾淨은潔也오腌臟은齷齪也오靴子는鞋也오湯은羮也오菜는酒肴니魚肉蔬菜等의煎、炒、羹한物의通稱也오喝은飲也오吃은食也라

우론션마체부쓰힉는 勿論甚麽菜都是好哪
무슨菜이든지모다죳슴니다

第十課 人身

他要騎馬
져는馬를騎하랴하오
我要坐車
나는車를乘하랴하오
你不愛坐船麽
로형우船을乘하기愛치안슴닛가
人老了
사름이늙엇슴니다

眼睛看不眞了
눈에보이는것이진젹지못하오
耳朶也聽得不淸楚
귀도듯기를똑똑이못하오
砍千都白了
슈염이모다희엿슴니다
躺在炕上直不起來
항저캉쌍직부치티구둘우에누어셔곳니러나지안소

야 최훈령라
牙齒很疼了
어금니가미우압흠니다

렌쌍쇠비
臉上刷白
얼골이힐식호오

타생듸이즈쥑라
他病的日子久了
저의병든날조가오리오

칭써약찬이참
請大夫瞧一瞧
의원을청호야보시오

妨也라

第十一課　掉下來

(解)淸楚는明白也오 刷白은燋悴貌오 大夫는醫也오 頓弱은柔弱也오 不錯은無妨也라

타쏘완쉬듸
他是頓弱的
저눈약훈사뭄이오

저거신혼쨩젼
這個人很壯健
이사롬은미우건장호오

타듸메맛쟝더부쵀
他的眉毛長得不錯
저의눈섭긴것은괜게치안소

색차완답싸리
把茶碗掉下來
차종을나려트렷소

새서셰취라
把胳臂搉了
팔을비엿슴니다

하하듸쑈
哈哈的笑
하하호고웃슴니다

쎄쎄듸쑈
嘎嘎的笑
쌀쌀호고웃슴니다

拉他去了 져를쓸고 갓슴니다
揪住他的辮子了 져의머리쇠리를잡어쥐엿소
做夢的一樣 꿈꾼데와혼모양이오
不論吉凶都有個先兆兒 부른직숑부우거쎈쟈얼 도모다먼져죠짐이잇슴니다
地方兒鬧得大亂那就是不安寧 디꺙얼뇨더써뤈ㄴ쮜쓰부안닝 地方이騷亂홈을곳不安寧이라홈니다
他沒有恒産 져는恒産이업슴니다
他原來沒有產業 져는原來産業이업슴니다
日後怕不能安寧了 시허파부녕안닝랴 日後에安寧치못흘가두렵소

好些錢都花完了 한쌔첸떠화완랴 죠흔돈을다써바렷슴니다
他爲人很齊刻 타웨신혼써커 져는爲人이미우인석호오
越多越好 웨뒤웨한 만흘슈록더좃슴니다
越喝越渴 웨허웨커 마실슈록더목마르오
越走越遠 웨쥬웨왼 갈슈록더머옵니다
越看越奇怪的 웨칸웨괴괘디 불슈록더이샹훈것이오
我和他商量 워히다상량 니가져로더브러商議홈니다

(解) 掉下來는 落之也오 摔우 拔也 오 哈哈嘎々는 皆笑聲也오 拉는 拿也 오 撂는 撅也오 辮子는 辮髮也오 兆는 兆朕也오 鬧는 騷也오 花는 費消也오 越은「슈록」의 意오 和는 與也오 商量은 商議也라

第十二課 論性、約訪

待人有點兒傲慢 대신위뗜얼 앟만
實在慚愧的 씨재찬퀘의
敦厚是刻薄的對面兒 둔훠쓰커버의 뒈멘얼
敦厚는 刻薄의 對올시다
是甚麼緣故呢 쓰선마웨구니
이게 무슨 연고 오닛가
很奇恠的事情了 현치꽤디 쓰칭랴
참 이상(怪이)혼 일이올시다
滿口撒慌了 만컨싸황랴
입에 가득혼것이 그 짓말이올시다
사룸디 접호는데 좀거만홈이 잇소
사롬되 접호는데 좀거만홈이잇소

沒有一句可憑的 메위이쥐커커펑디
혼마듸 憑據홀 것이 옵슴니다
嫉妬是婦女的惡習 지두쓰뿌뉘듸어쓰
嫉妬는 婦女의 惡習이올시다
明兒是他的父親的壽旦 밍얼쓰타듸우친듸 셔단
明日은 져의 父親의 生辰이오
你要拜訪去麼 니야오비양취마
로형이 차져가시겟슴닛가
我要拜訪去 워야오비양취
니가 차져 가려 흠니다
那麼和我一塊兒走罷 나마회워이쾌얼저바
그러면 나 고 가지 갑시다

(解)滿口는 諸般說辭의 意오 撒慌은 僞言也오 壽日는 生日也오 一塊兒는 同伴也

送甚麼東西可以好呢
무슨물건을보니면조켓슴닛까

牛肉、麥酒、鷄卵都可以
牛肉、麥酒、鷄卵이다좃슴니다

第十三課　那麼個事

那麼個事在多嗜的報上有呢
그런일은,은졔新聞에낫슴닛가

昨天的報上也有呢
어졔신문에도낫슴니다

那話是多嗜的事
그말은,은졔일이오닛가

這是前一年前的事
이것은一年前의일이올시다

去年夏天往那兒避暑去了
去年여름은어듸가셔避暑호셧슴니가

我總沒理會了
나는조곰도몰낫슴니다

上五香山去來着
오향산에갓다가왓슴니다

今年也要去麼
今年에도가시겟슴닛가

這邊我要去海水澡
이번에는海水澡을가겟소

剛跑去的是誰啊
지금다라나간이는누구오닛가

워듸 화뚱라마
我的話都憧了麽
내말을다아심닛가

(解)報는新報也오這盪은今番也오剛은方今也오跑는逃也오沒理會는漠然不知의意也라

第十四課　氣球

늬칸궈치춰라마
你看過氣球了麽
로형輕氣球를보셧슴닛가

쳰녠더궈쥔뒈찌나거라이러
前年德國軍隊帶那個來了
前年에德國軍隊가가지고왓슴니다

늬지따줘예듸뚱부지따
你知道昨夜的地動不知道
로형이昨夜의地震을아셧소모르셧소

쉐쟛전마줘되마부지따
睡覺來着甚麽都不知道
자고잇셔셔, 아무것도다, 몰낫슴니다

져쓰전마줘듸
這是怎麽做的
이것은엇더케맛든것이오

화한얼듸샹이샹바
好好兒的想一想罷
잘한번싱각호시오

진라이터우탕처쓰션마시허얼캐
近來頭盪車是甚麽時候兒開
요새쳣차는멧시에떠남닛가

쭈어텐키라잣치링뗜중라
昨天起打了早起六點鍾了
어제부터아츰여셧시로곳쳣슴니다

늬전마나마ㄴ먼듸
你怎麽那麽納悶的
로형은웨그러케울민호시오

인웨위쒼신듸쓰추티
因爲有懸心的事出來
격경되는일이싱긴석돌이오

정팅더추이쌘얼티
竟聽得出一半兒來
겨우반쯤듯슴니다

(鮮) 氣球는 輕氣球也오 地動은 地震也오 睡覺은 睡眠也오 頭盪車는 一番車也오 納悶은 鬱悶貌오 懸心은 心慮也오 原是는 原來의 意라

웬쓰전마가이스늬 原是怎麽個意思呢 원리무슨의스오닛가

워예쓰웨난잔늬 我也是爲難着呢 나도、이)어렵슴니다

第十五課 革職

라쓰쎼쩌직되마 他是被革職的麽 져는 免職이되얏슴니가

부쓰즈지웬이츠처되 不是自願意辭差的 아니오 自己가 請願辭職혼것이오

총쳰지팅루즌되신바 從前在陸軍的人罷 젼에 陸軍으로잇든사롬이오닛가

쓰거마뻬디씨웨 是個馬隊的大尉 녜馬隊의大尉이엿슴니다

쓰쎄ㅅ직되마 是被休職的麽 休暇이되얏슴니가

부쓰 뻰우워이베이되 不是、編入預備役的 아니오, 編入豫備役으로編入호얏소

밍녠커이수쓰판쌀잔마 明年可以入士官學校麽 明年은 士官學校에드러가겟지오

따캐커이우바 大概可以入罷 大槪는드러가겟슴니다

저누얼더롄뻬리 在那兒的聯隊裏 어느聯隊안에잇슴니가

팅쉬쓰저싱덩의롄뻬리 聽說是在姓鄧的聯隊裏 드르니鄧氏의聯隊안에잇다호오

電氣的學問在那兒可以學呢
在工業學校罷
工業學校에셔가르치지오

聽說南京有打仗是眞的嗎
不錯、現在有革命黨的打仗
들니지안소지금혁명당이잇셔싸홈니다

(解) 打仗은戰爭也오眞的는實語也라

第十六課 天氣冷

天氣冷了
일긔가춥슴니다
得多燒炕
온돌을째여야ᄒ겟소
這個炕上都有席
이온돌우에는돗이잇슴니다
把鋪盖疊起來罷
이부조리것어치시오
椅子壞了
교의가세여졋슴니다

快快的點燈罷
얼는등불켜시오
給我一把刀子
내게칼혼조로쥬시오
飯鍋是賣飯用的
솟은밥짓는데쓰는것이올시다
零用的傢伙是酒盅、碟子、盤子等類哪
허드리로쓰는세간은、酒鍾、접시소반類이드구려

他應不會拉絲

皇上又稱萬歲爺

皇上을 또 萬歲爺라고도 홈니다

皇宮裏頭都莾禁地

皇宮은 모다 禁地가 됨니다

民人犯了大罪皇上隨時酌情寬免了那是

人民이 大罪를 犯홈을 皇上이 時를 隨호야 免罪홈은 恩典이올시다

恩典

他不是蠢笨的麽

져 사름이 어리셕은 이가 아니오닛가

心裏沒累是舒服

마음에 累가 업슴이 편혼 것이오

邪就是冒失了

그것은 곳 실슈올시다

那末就是冒失了麽

나죽쓰밧시라 씀질거리지 안슴니다

(解)炕은 支那人의 溫突也오 鋪盖는 衾枕也오 飯鍋는 鼎也오 像伙는 汁物也오 拉絲는 延緩不快貌오 冒失은 過失也오 蠢笨은 黑蠢也오 舒服은 便安也라

第十七課 萬歲爺

賊匪湊得多了

賊匪가 만이 몰겻슴니다

恩典을 밧어 赦罪혼 後에 다시 犯罪 호면,

受恩赦罪之後再爲犯罪實在難免死罪

참, 死罪를 免기 어렵소

因爲强暴混亂良民也活不了

强暴가 混亂홈으로 良民도 살 슈가 업슴니다

人民이 大罪를 犯홈을 皇上이 時를 隨호야 免罪홈은 恩典이올시다

孔夫子는 萬世의 師表을시다

孔夫子是萬世之師表

公事는원릭官事이지마는公家의일도 公事라고홈니다

公事原是官事、大衆的事也謂之公事

(解)寬免은宥恕也오賊匪는匪徒也오湊는相聚也오混亂은騷亂也오師表는師傅也오大衆은衆人也라

第十八課 定不了

그것은나혼자決定홀슈가업소

那是我一個人定不了

나는保證홀슈업소

我不能保

現在一時想不起來

지금당장에는싱각이나지안소

告刑司衙門倒好了

裁判所에告訴ᄒᆞ는것이좃슴니다

自己家裏的事情就是私事
自己집일을말ᄒᆞ라면곳私事라홈니다

本地有幾個銀號
當地에銀行이몃이잇슴닛가

有十個多銀號
十餘個銀行이잇슴니다

他是過於狡猾
라는過於狡猾에지남니다 (大猾의 意라)

昨兒晚上定了約的
어제전역씩約束을定ᄒᆞ엿슴니다

잔라이틔위시년
交他以來有十年이되엿소
져와교제호지十年이되엿소

뷔뤼쎈쥬지위약
都托先祖之餘福
다先祖의음덕이겟소

나쓰부춰뒤
那是不錯的
그것은 그럿슴니다

쎼이썅뒤샾라커이너
謝儀送多少了可以呢
報酬는 얼마나보니면 조켓슴닛가

샹량이회저꾼눠셰
商量一回再跟您說
디강이약이호다가말슴호겟소

(解)保는保證也오刑司는裁判所也오餘福은餘蔭也오謝儀는報酬也오必定은確
然也오了不得은不盡의意오生氣는怒也라

第六十九課　獸、魚

횡쉬샹은인두나얼혼뒤히양바
聽說象是印度那兒很多
드르니 象은印度거긔 미우만타호오

찬왕라
全忘了
다 이졋슴니다

쎼딍쓰나마양
必定是那麼樣
쏙 그러켓지오

즁메리회
總沒理會
도모지 싱각이나지안소

시환듸랸부더
喜歡的了不得
질겁기가 칭량업소

성치성부치
生氣不生氣
怒호엿소 怒치아니호엿소

멍구나얼우혼뒤의뭐허히양바
蒙古那兒有很多的駱駝和羊罷
蒙古에 미우마는 것은 駝와 羊이겟소

羊毛往外國出口
羊의 毛는 外國으로 輸出홈니다

你看見獅子麽
로형이 獅子를 보앗슴니가

我還沒看見獅子了
나는 아즉 獅子를 못보앗슴니다

我不很吃鱔魚
나는 밥장어는 너무 먹지 안슴니다

鴨子和雞我很吃
오리와 둙은 내가 미우 잘먹슴소

鯉魚和大頭魚我呀愛吃
리어와 도미는 너도 잘먹슴니다

(解) 出口는 輸出也오 蝦米는 蝦也오 殼는 足也오 牛奶는 牛乳也라

第二十課 不乏了

不乏了麽
곤치 안슴닛가

부예라마
很乏了
미우 困疲호오

猪肉比牛肉不好吃
져육은 우육보다 먹기 조치안쇼

可是我比牛肉愛吃
그러나 나는 우육보다 잘먹슴니다

你吃蝦米不吃
로형이 우를 잡슈시오 아니잡슈시오

不殼青菜很為難
부족 청체를 웨난 애 미우 어렵소

茶和咖啡菜蔬가 부족다 넉넉호오

你愛牛奶不愛
로형이 牛乳를 조아호심닛가

很乏了
미우 困疲호오

(71)

쳔마쟈오라마
怎麽告暇了麽 웨작 멀ᄒᆞ엿슴닛가
我鄉下去 나는 시골 가오
別喝酒 ᄯᅢ허쥬 슐 마시지 마르시오
不會喝酒 부회허쥬 슐 ᄂᆞᆨ을 쥴 모르오
於身體有害 위션의유ᄒᆡ 몸에 害가 잇슴니다
請大夫瞧了麽 쳥ᄯᅡ이푸챠라마 의원을 請ᄒᆞ야 보앗슴닛가
着點兒凉了 쟌덴얼량라 感氣 좀 드럿슴니다

渾軍酸痛 훈쥔싼퉁 全身이 져리고 압흐오
可以吃藥 커이치야오 약 먹어야 ᄒᆞ겟소
寶藥也有效驗 ᄲᅡ오야오예우샤오썬 파는 약도 效驗이 잇슴니다
颱大風 ᄲᅡ이ᄯᅡ이ᄫᅥᆼ 큰 바람이 붐니다
不能走 부능ᄶᅥ우 갈 슈 업소
歇着罷 셰저바 쉬입시다

(解) 乏은 困疲也오 颱는 吹也오 歇은 休也라

第二十一課 法律上에 關ᄒᆞᆫ 名詞

(12)

公法 民法 行政法 加害者 債務者 打官司 密告 論告 私法 刑法 原告
공법 민법 형정법 가히조 치무쟈 졍쇼 밀고 론고 스법 형법 원고

被害者 當事者 告官 辯論 公判 憲法 商法 被告 國際法 債權者 告發
피히조 당스조 고관 변론 공판 헌법 상법 피고 국제법 치권조 고발

搜索사 處分분 差押야 入官짼 會審신 宣告깐 有罪죄 無罪죄 豫審신 抗告깐 辯護호

슈사 쳐분 차압 몰入 회심 션고 유죄 무죄 예심 항고 벼호

僞證증 放火화 賭博께 誣告깐 強盜다 殺人션 死刑싱 懲役예 禁錮구 拘留리 和解계

위증 방화 도박 무고 강도 살인 사형 중역 검고 구류 화히

(74)

收賄 슈회
口供 구공
贓品 장품
瀆職 독직
創傷 창상
大赦 대샤
保釋 보셕

大病 대병
熱病 열병
肺癆 폐병
疑心瘋 의심풍
憂鬱病 우울병

第二十二課 醫病에 關호 名詞

訊問 신문
放免 방면
賠償 비상
歐打 구타
證據 증거
詐欺 사긔
科料 과료

着凉 감긔
發燒 발열
寒疾 오한
發汗 발한

| 咳嗽 키쇽 | 頭疼 허팅 | 下痢 싸리 | 嘔吐 우투 | 肚痛 두통 | 暈船 쉰촨 | 痧腸炒 좐시 | 喘息 쳰시 | 瘟疫 운이 | 癨亂 궈란 | 黃疸 황씨 |

| 히소 | 두통 | 셜사 | 구로 | 복통 | 빈멀미 | 호열즈 | 숨찬병 | 流行病 | 곽란 | 황달 |

| 癩瘡 라창 | 癲癇 지 癎 | 疥癬 젠센 | 天花 톈화 | 楊梅瘡 양메창 | 疝氣 싼치 | 痔 간 | 淋病 딘빙 | 中風 즁펑 | 凍瘡 둥창 |

| 문딍병 | 격병 | 간질 | 옴 | 마마 | 민독 | 감질 | 산정 | 렴결 | 즁풍 | 둥창 |

痔치창 치질
小산産 류流産산 종기
鼻세뉵衂 코피 잘너님
麻마子즈 곰보 진찰
一이지雙쌍腿퇴 졀둑바리 쥬사
逆이呃치 쌀곡질 희부
膿농 고름 슈술
血졔 피 해부
瞎싸 소경 진단
瘤우 안즘방이 치료
蟲충吃치牙야 충치 부상
　 　 버혀님

聲릉 腫중物우 切제創창 診천察차 注작射사 手셕術수 解제剖부 診천斷단 治지療땨 負뷱傷상 切제開캐

第二十三課 神佛에 關한 名詞

佛뿌廟먀	尼니姑구廟먀	和화尙샹廟먀	神신廟먀	僧승侶뤼	尼니姑구	方빵丈쟝	珠쥬數수	香샹錢쳰	齋재飯빤	錫셩杖쟝
寺	녀승방	남승방	신사당	승려	녀승	즁의방	念珠	향젼	짓밥	錫杖

齋재戒지	信신心신	天텬主주敎쟈	道따敎쟈	耶예蘇수敎쟈	安안息쉬日ᅀᅵᆯ	神신巫우	幽우魂훈	華화表뾰	城쳥隍황廟먀	法애會회
지계	신심	天主敎	老子敎	야소교	안식일	무당	독갑이	홍살문	셔낭집	祭

第二十四課 軍事上에 關호 名詞

根據地 근거디
艦隊 함대
碇泊 뎡박
艦旗 함긔
探海燈 탐히등
水兵 슈병
艦長 함쟝
司令官 스령관
魚形水雷 어형슈뢰
機械水雷 긔계슈뢰
潛行艇 잠항뎡

驅逐艦 구츅함
巡洋艦 슌양함
水雷艇 슈뢰뎡
速射砲 속사포
甲鐵艦 텰갑션
信號 신호
媾和 강화
休戰 휴젼
俘虜 포로
投降 투항
陣亡 戰死

分隊분대 小隊소대 中隊중대 大隊대대 聯隊련대 師團사단 旅團려단 工兵공병 砲隊포대 馬隊마대 步隊보병 陸軍륙군

上等兵상등병 軍曹군조 把總파총 千總천총 守備수비 遊擊유격 都司도사 參將참장 總兵총병 提督뎨독 大將대장 大元師대원슈

상등병 군조 소위 中尉중위 大尉대위 少佐소좌 中佐중좌 大佐대좌 少將소장 中將중장 대장 대원슈

將官 장관
士官 사관
軍醫 군의
參謀 참모
副官 부관
傳令 전령
哨探 척후
砲臺 포대
彈藥 탄약
號令 호령
夜襲 야습
追擊 추격

軍刀 군도
背囊 배랑
帳房 군막
奸細 간첩
伏兵 복병
攻擊 공격
包圍 포위
防禦 방어
鐵條網 철조망
突擊 돌격
退却 퇴각
流丸 류환

第二十五課　電報局

제팡　뎬바오쓰　재나얼나
借光、電報公司、在那兒哪

용셔　훙시오　뎬바오쥐얼　디잇슴니가
借光請問電報局在哪兒

저져　후퉁　루난라
在這衚衕路南了

이골목안에잇슴니다

뉘야오다뎬바오마
你要打電報麼

쓰워야오다뎬바오취
是我要打電報去

네　나는 電報노러가려홈니다

니야오다뎬바오쥐나얼
你要打電報去哪兒

워야오다뎬바오나얼취
我要打電報一塊兒去

그러면나호고갓치갑시다

흔하오흔하오
很好很好

뉘유션마구이깐
你有甚麽貴幹

로형무슨일이잇슴잇가

워쓰다뎬바오라이라
我是打電報來了

나는 打電報 노러왓슴니다

쓰다오나얼취디니
是打到那兒去的呢

어듸로 보내실터이오

쓰쓰本大阪디방이올시다
是日本大阪地方

네분이어디로

워쓰中國上海去的
我是中國上海去的

나는배는中國上海로놀것이오

電報費는얼마오쳰닛가
電報費是要多少錢

三個字에一角錢이오

三個字비이一角錢

쌘거취디통궁쓰얼거쓰
쌴더쓰쓰자오쳰
這樣去的通共十二個字算得是四角錢

이上海갈것은모다
十二字이니合計가四角錢이올시다

(解)公司는局의意오貴幹은事故也오通共은合也오一角은十錢也라

第二十六課 遊約

您怎麽這麽閑在呀
닌전마져마쎈제야
로형은엇지아러케한가ᄒᆞ시오

今天是禮拜所以整天開在呀
진뗀쓰리비쳐이셩텐쏀제야
오날은空日임으로終日한가ᄒᆞ옵니다

啊、巧了、我也今天沒有事情
아 챠오라 워예진텐메워쓰칭
아공교호오나도오날일이업슴니다

那麽偺們溜達溜達去罷
나마자먼쟈뤄타뤄타취바
그러면우리散步나갑시다

好的、您女上那兒去呢
하오되 닌얖양나얼취늬
좃소, 로형어듸로가시려ᄒᆞ시오

那東大門外頭怎麽樣
져東大門외터우전마양
져東大門外가엇더ᄒᆞᆷ닛가

在那兒有其麽可看的好景致
쩨나얼우션마커칸듸핰졍져마
거긔무슨볼만한조흔景致가잇슴ᄂᆞ

那原不是多有寺院的地方兒麽
나웬부쓰뒤우쓰웬듸띠팡얼마
그原不是多有寺院의地方이아니오닛

現在春暖花香的時候、一定是更好看了
쎈쩨춘난화썅듸시훠 이뎡쓰껑핰칸랴
現在春暖花香的時候, 꼭보기가더좃습니다

那麽偺們這就走罷
나마자먼져쥐쪄우바
그러면우리가이리곳갑시다

(解)禮拜는空日也오溜達은散步也오偺們은我等也오走는往也라

第二十七課 餞送

화아 好啊, 您納로형 웃더시오,

뒤약뒤약 托福托福 덕택덕택으로잘잇슴니다

져이샹닌앞아 這一向您好啊 요사이, 웃더시오닛가

워화 我好
나는 잘 잇슴니다

칭줘허차바 請坐喝茶罷 안즈시오, 차잡슈시오

뛰쎄뛰쎄 多謝多謝 고맙슴니다

팅쉐너진톈치썬야쌰취쳐이워쮸게 聽說你今天起身要下鄕去所以我就給 您送行來了
드르니 오날시골쩌나신다ᄒᆞ기로, 그리셔, 작별왓슴니다

랑자랑자 勞駕勞駕 수구을시다

닌실재뒤레랴 您實在多禮了
로형참, 례가, 만슴니다

가이당듸 該當的
그러홀일이지오

닌얖쳑듸쫑요위둬샤리루야 您要走的總有多少里路呀
가실데가, 모다몃리나됨닛가

퉁궁쏸치래여싼빅우싣둬리듸광징바 通共算起來有三百五十多里的光景罷
모다계산호면삼빅오십리쭘이나되겟슴니다

렌퇀다취쫑데야둬쌰르쯔니 連來帶去, 總得要多少日子呢
왕반에멧칠이나되겟슴닛가

쌰예뿌쌰랴둬웨듸광징바 少也不下倆多月的光景罷
어도두어달되겟슴니다

커쓰하이여거빤얼머 可是還有個伴兒麼
드르나, 오, 그리셔, 同行이 잇슴닛가

還有打幫的走一位朋友了
同行훌친구한분이잇슴니다

那更好罷
그러면더욱조켓소

我這就要起身了
나는여긔서곳떠나겟슴니다

(解)起身은發程也오該當的는當然也오連來帶去는往返也오倆多月은數月也오打幫은同伴也오別送은勿餞也오不送은不餞也라

第二十八課 語學

你會說英國話歷
너희셔양말을아심닛가

畧會一點兒
죰암니다

學了有幾年了
몃해비호앗슴닛가

學了有五年了
오년비호엿슴니다

別送別送 배송배송
別送마시오 전송치마오
不送不送 부송부송
전송치안슴니다
請您一路平安罷
청컨디일로에평안히가시오

現在忘了多一半兒了
지금은반이나더이젓슴니다

先生是英國人了歷
션생은영국인이오닛가

是英國人
네영국이올시다

英國話和日本話是那個難學呢
영어와일어에엇더흔것이비호기어렵슴

─(85)─

워칸쓰잉궈화난쌴
닛가

我看是英國話難學
내가보건디영어가비오기어렵쇼

쌴빼궈화부쌴
學法國話不學
법어는아니비왓심닛가

(解) 目下는 現在也라

第二十九課 官衙에 關호 名詞

衙門　아문
內閣　내각
法部　법부
戶部　호부
刑部　형부
度支部　두지부

무쌔쎠나哪
目下學着
지금빈홈니다

써잉궈화부난마
比英國話不難지안슴닛가

셰잉궈보다어렵지안슴닛가

비영궈화난
比英國話難
영어에비호야셔는어렵소

兵部　병부
學部　학부
農部　농부
商工部　상공부
道台　부知事
知縣　郡守

議長 이쟝		의장
巡捕 쉰부		순포
幫辦 빵쎈		
技師 지쓰		기사
取締役		취체역
總辦 중쎈		
站長 잔장		역장
董事 둥쓰		중역
兵學堂 빙쓰탕		무관학교
欽差公館 친처궁관		흠차공관
領事公館 링쓰궁관		령사공관
信票 신퍄오		우표

第三十課 郵便、銀行에 關호 名詞

海關 히관		히관
監獄署 졘위수		감옥셔
郵政局 여우정쥐		우편국
電報局 뎐빠오쥐		젼보국
樞密院 쑤미웬		추밀원
巡警分局 쉰징앤쥐		分派所
博覽會 뻐란회		박람회
動物園 둥우웬		동물원
植物園 즤우웬		식물원
養育院 양위웬		양육원
印花紙 인화즤		印紙

信신 明밍신書	葉書
來래回회明밍信신片편	片紙
掛쇠號한	往復葉書
寄기物우	登記
存춘款관	小包
支지取취	貯金
滙회銀인	支出
用용錢첸	換錢
寄지(發)信신人신	口文
收신信人인	送札人
電뎐報밧紙지	收札人
	電報紙

電뎐話화(獨쭈律레風뼹)	電話
結계賬장	會計
股꾸票판	結算
分앤利리	株券
盈잉餘위	配當利益
擔산保보	損失
滙회票빼對돼條료	擔保
銀인票판子즈	換票
本쎈錢첸	紙幣
股꾸東둥	本錢
該세錢첸	株主
	負債

제세젠 借給錢	貸付金	신쳰 信錢(費)	郵費
리시 利息	利子	덴위 電費	電費
궤쿵 戯空	損失	덴산 電桿	電桿木
쥥쥐 總局	總局	인첸 銀錢	銀錢

以上三十課中課名은或全課의意義가相通ᄒᆞᄂᆞᆫ者ᄂᆞᆫ特히總括ᄒᆞ야課名을作ᄒᆞ고散語가相聚ᄒᆞ야撮合기難ᄒᆞᆫ者ᄂᆞᆫ課中第一行中字를取ᄒᆞ야名을作ᄒᆞ얏노라

第三編 問答部

第一課 洋行去

您上那兒去 닌샹나—얼취
로형어듸로가시오

到洋行去 단양항취
양힝식지감니다

您知道不知道 닌지단부지단
로형아시오모르시오

我還沒聽見說 워히메팅젼쉐
나는아즉듯지못ᄒᆞ엿소

第二課 今幾日

今兒個是幾兒了 진얼거쓰지얼라
오날이메칠이오닛가

今兒是七月初十 진얼쓰치웨추시
오날은칠월쵸열흘이오

見他了麽 젼타라마
져사람을보앗슴닛가

昨兒早起遇見了 쩌얼잔치위젼라
어제아츰에만낫슴니다

其麽時候兒在家呢 선마시헠얼제쟈닌
어느시에딕에게심닛가

大概下午五點鍾在家 디개하우뎐즁쟈
오다섯시에집에잇소

天氣怎麽樣 텬치전마양
일긔가웃덧슴닛가

我想怕下雨 워샹파쌰위
내싱각에비가올듯십소

第三課　沒來信

商量好了沒有
썅량화라매오
의론이잘되엿소아니되엿소

還沒定規
희매뎡궤
아즉질졍이못되엿소

不睡覺麼
부쉐쟢마
졸니지안슴닛가

還不睏哪
희부쿤나
아즉곤호지안슴니다

메티신마
沒來信麼
머래신마
편지가오지아니호엿슴닛가

一封也到船
이퐁예예쵼
한장도오지아니호엿슴니다

開船了麼
캐쵼러마
빅가써낫슴닛가

剩了多少
셩랴뒤쌴
얼마나남엇슴닛가

剩了有四五個
셩랴오쓰우거
네다섯기남엇슴니다

不給我麼
부게워마
나에게쥬지안켓슴닛가

您要就給罷
닌얁쥐게바
형이원호면곳드리겟소

快開了
쾌캐랴
곳써나겟소

賺了錢了麼
쫜라쳰라
리가남엇슴닛가

吃點兒虧了
치뎬얼퀘라
조곰손히당호엿슴니다

第四課　學幾年

싼라마　告了麼　고소ᄒᆞ엿슴닛가

퓌숑쓰라　托訟師了　변호ᄉᆞ에게위탁ᄒᆞ엿슴니다

쌰라우지녠라　學了有幾年了　몃히나비웟슴닛가

또진녠쌴웨쌴녠라　到今年션지삼년이올시다

ᄯᅡ싼쮜션마　打算做甚麼　무엇을ᄒᆞ시겟슴닛가

ᄯᅡ싼야오ᄏᆡ자훠푸　打算要開雜貨舖　잡화상을ᄭᅴ시ᄂᆞ려홉니다

셔싱ᄯᅮ랴란라마　事情都了然了麼　일을다아랏슴닛가

부렁마　不冷麼　춥지안슴닛가

렁더황　冷得慌　추워셔못견디겟소

ᄃᆡ강은아랏슴니다　大槪是明白了

쒼쒸마이디　是誰買的　누가산것이오닛가

쒸쟝슝마이디　是張兄買的　쟝형이산것이오

쒸나얼디야문니　是那兒的衙門呢　어느관청이오닛가

쒸외우야문　是外務衙門　외무아문이오

上了門了麼
문닷엇슴닛가

吩咐看門的了
얜약칸문듸라
문직이에게분부호엿슴니다

要回信麼
답쟝을요구호시오

第五課　丟了麼

丟了麼
듸우라마
이러바렷슴닛가

他帶着哪
타대져나
져사람이가지고잇슴니다

聽錯的罷
튕취듸바
잘못드른게지오

也不定
예부뎡
그런지도모르겟슴니다

不要回信
부야회신
답쟝은원치안슴니다

現在要去麼
쎈재얏취마
지금가시려호심닛가

明兒早起也可以
밍얼쟞치예커이
리일아츰이라도죳슴니다

給現錢麼
게쎈쳔마
현금을쥬셧슴닛가

那是自然的
나쓰즈산듸
그것은물론이지오

沒問甚麽了麽
메운션마라마
아무말도뭇지아니호엿슴닛가

問了好些個事情
운라핫쎄거쓰칭
여러가지일을무럿슴니다

라쓰거님의朋友마　他是個您的朋友麽　제가로형의친구오닛가
셔취녠신시듸　打去年認識的　거년부터친훈ᄉᆞ람이오
저나얼주싸듸　在那兒住下的　어듸ᄉᆞ유슉ᄒᆞᆷ닛가

第六課　看新報

늬칸선마신밨니　你看甚麼新報呢　로형이무슨신문을보시오
워간메이신밨　我看每日新報　나는민일신보를봄니다
리쌰쓰난데마　律法是難的麽　법늇이알기어렵슴닛가
메선마난　沒甚麼難　그러케어려울것엄슴니다

저져거후틍쟝슝쟈나　在這個胡同張兄家哪　이골목쟝형집에잇슴니다
라쓰쮀관듸마　他是做官的麽　제가괸인이오닛가
부쓰라쓰쮀ᄆᆡ미듸랴　不是他是做買賣的了　아니오져는쟝ᄉᆞᄒᆞ는ᄉᆞ람이오

늬쒀듸리매우　你學地理了沒有　로형이디리를빅웟슴닛가
워쒀이뎬얼　我學一點兒　조곰비웟슴니다
지쓰망부망　差使忙不忙　ᄉᆞ무가밧부지안슴닛가
져량톈쓰망　這兩天是忙　이멧칠은밧부옴니다

우션마쓰칭
有甚麽事情
무슨일이잇슴닛가

메션마쓰
沒甚麽事
별로일은업슴니다

우투수라메우
有頭緒了沒有
두셔가잇슴닛가

메션마신시
沒甚麽信息
아무룡지가업슴니다

六日分學課練習 (自習ᄒ야解得ᄒ을爲ᄒ홈)

쌍나—얼취
上那兒去
앙쓰랑취
上學堂去

딍젼라마
聽見了麽
희메팅젼라
還沒聽見了

루양위젼라
路上遇見了
따라우덴중
打了五點鍾

워썅파쌰쉐
我想怕下雪
부쿤
不眠

쳥라우쌴쓰거
剩了有三四個
이셩신
一封信
진얼잗치키챤라
今兒早起開船了
찬쳬
賺錢
퀘라
虧了
부얃쌴
不要告
이진뒤쑹쓰라
已經托訟師了
먼더황
悶得慌

打算要開綢緞舖 셔쏸야캐쳐단푸
甚麽事情 슴마쓰칭
上衙門去 양야먼취
他沒帶着了 타메대져라
鬧錯的罷 윙춰듸바

做官的 쥐관듸
我學了一點兒不多 워쑈라이뎬얼부뒤
忙不忙 망부망
忙得很 망더흔
沒有頭緒了 메유터슈라

第七課　單語（天文）

天 톈 하날
天上 톈샹 공중
太陽 태양 해
日頭 시터
月亮 웨량 달
星星 싱싱 별
星上 싱얼

雲彩 원채 구룸
雪 쒜 눈
霜 쌍 셔리
雹子 밥즈 우박
雨 위 비
霧 우 안개

第八課　不餓麼

露 루/쉬　　이슬
風 앵
楞 렁　　바람
氷 빙
楞 렁　　고도롬
虹 숑　　무지개

閃 썬　　번기
雷 레　　우뢰
晴 칭　　키임
陰 인　　그늘

不餓麼 부어마　시장ᄒ지 안슴닛가
我還不餓 워헌부어　아즉 시장치 안소
我是不餓 워쓰부어　나는 즉 전마 나
貴怎麼更不吃 퀘이쩐마껑부쳐　왜 애치 ᄒ텐듸 먹기를 조와ᄒ지 안소
我不愛吃甛的 워부애쳐쳰듸　나는 단것 먹기를 조와ᄒ지 안소
這麼就够的 쩌마져우꺼우듸　이부만 지면 족ᄒ겟슴닛가
就這些個够麼 져우쩌쎄거꺼우마　이것만지면 족ᄒ겟슴닛가
有那些個有餘的 여우나쎄거여우위듸　위 나쿠 마쇄 거위 되 마 다
這麼那就够心 쩌마나져우꺼우신　이것 마ᄒ면 더ᄒᆞ심닛가
貴怎麼不心 퀘이쩐마부신　貴怎麼 웃지 더ᄒ심닛가
我病還沒好哪 워빙헌메이하오나　병이 완이 웃지더ᄒ심닛가
還沒好哪 헌메이하오나　아즉 완젼이 낫지못ᄒ엿소
他買點心ᄒ릿가 타매이뎬신마　ᄶᅡ라미뎬신마
叫他買點心ᄒ릿가 쟈오타매이뎬신마　ᄶᅡ라미뎬신마
過來買心ᄒ릿가 꿔라이매신마　과즈사오게ᄒ릿가
這就還不够哪 쩌져우헌부꺼우나　이러ᄒ야도 부족되오

마음에 맛는것이 잇슴닛가
有中意的沒有

第九課　慈悲人

他是個慈悲人
져는 자비한 사람이오

頗有慈善之心
매우 자션심이 잇슴니다

和他有交情麼
져와 교졔가 잇슴닛가

還不認得的
아즉 알지 못함니다

得小心小心
조심조심하시오

那不用說的
말삼하시기까지 아니올시다

마음에 맛는것은 하나도 업소
沒一個中意的

你知道他的皮氣麼
그 셩질을 아심닛가

略聽見說的
대강 말을 들엇슴니다

你不爽快麼
유쾌치 안슴닛가

我覺着非常的爽快
매우 유쾌하게 암니다

是個正直的人了罷
졍즉한 사람이지오

人很好
사람이 매우 좃슴니다

恭恭敬敬的作個揖罷
공경히인수호시오

遵命了
그리호오리다

第十課 豪傑

豪傑是說甚麽樣兒的人
호걸이라홈은무슨사람이오닛가

是說比平常人還偉勝的人
예사사람보다우승호사람을이름이오

原來是不對勁兒的麽（不和）
원리불화(不和)혼사이오닛가

從前很有交情的了
전브터미우의가조홈니다

我還不認識這個人
나는아즉그사람을아지못홈니다

很美情的好人
미우친결호조혼사람이오

跟閣下罷
동모호겟소

明兒一同拜訪他罷
명일한가지져를심방갑시다

明兒總要過來
명일은부디오시오

必定來
꼭오리다

第十一課 有何可食

第十二課　冤枉

有甚麼可吃的麼
　위션마커의마
무슨 먹을것이 잇슴닛가

沒甚麼可吃的
　메션마커의
아무것도 먹을것이 업슴니다

他過日子怎麽樣
　타궈이쯔전마양
져가 엇지 지냄닛가

還是那麽窮
　히쏘나마츙
역시 그러케 빈궁(貧窮)홉니다

品行是好麽
　핑싱쓰하오마
품힝은 좃슴닛가

說是好
　쇠쓰하오
좃타호오

那是冤枉罷
　나쓰웬왕바
그것은 억울혼지오

多喒您給我介紹呢
　뒤잔닌게이워졔쌴늬
은제 소기ᄒᆞ야쥬시겟슴닛가

隨您的便
　쉬닌뎬벤
당신의 편호씨를 따라셔호깃소

給我預備飯
　게이워위베반
닉게 밥을 차려 주시오

是了就給您預備
　쓰랴쥬게이닌위베
네 곳 처려 드리겟슴니다

貴寓不筭點兒了
　꿰위부지뗀얼랴
계신곳이 좀 좁지 안슴닛가

人少哪還可以
　신쌴나히커이
스룸이 격어셔 관계치 안슴니다

我也是這麽想呢
　워예쓰져마썅늬
나도 그러케 싱각ᄒᆞ오

你能念這個文章麼
我念不上
難的我念不上
어려소나는못닑겟소

學律泆初步是甚麽書好呢
法律효보라면무슨칙이좃슴닛가

有幾樣兒先看一看
멧가지잇스니먼져한번보시오

你有化學的敎科書沒有
형게화학교과셔가잇슴닛가

第十三課　新鮮的肉

有新鮮的肉沒有
신션호고기가잇슴니다

有極新鮮的
극히신션호것이잇슴니다

借給李兄了
리셔방에게빌녀주엇슴니다

有詳密的地理圖沒有
자셰호디도가잇슴닛가

是日本的是世界的
일본것이오닛가만국것이오닛가

兩樣兒都要
무가지다좃슴니다

現在沒有世界的
지금만국디도는업슴니다

您要那個呢
로형은어느것을원호시오

給我右邊的罷
나는우편것을주시오

위 홍차에
有紅茶沒有
홍차가잇슴닛가

홍차세피 뚜워
紅茶珈琲 都有
홍차와 가피가다잇슴니다

칭처엔 촨얼
請抽烟捲兒
권연쵸 잡슈시오

워쓰엔예부의쥐예부의
我是烟也不愛酒也不愛
나는 담비도질기지안코술도사랑치안슴니다

져양신신즈 얀뒤쌴쳰
這封信資要多少錢
이편지는 갑이올마나들게슴닛가

第十四課 單語地文

世界	셰계
山	산
小孩兒	고ㅣ

싼얜쳰커이
三分錢可以
三分錢이면됩니다

신빠웨이심마이쓰우리커이싱늬
新報爲甚麼是五厘可以行昵
신문은웨五厘로가는것이오닛가

나쓰꺼왜인커듸
那是格外認可的
그것은격외인가올시다

꽈하우쓰뚸쌴쳰
掛號是多少錢
掛號登記는을마오닛가

링왜야치쌴쳰
另外要七分錢
그밧게七錢이듬니다

山峯	산봉
土坂子	언덕
道兒	길

街상上	衖후衕	河하	橋챠	海히洋양	大셔島	海히灘탄	沙사	碼마頭터	潮챠田뎬	水쉬	池츼子즈
골목	길가온디	하슈	다리	바다	뎡양	엿흔여을	바다셤	부두(埠頭)	조슈	논	못

水쉬	莊장稼稼地디	湖후泮	瀑밥沛	泉챤	井졍水쉬	水쉬坑컹子즈	石시頭터	泥늬	土투	砂사子즈	明밍溝꺼
물	놋장	호슈	폭포	식암	우물	물웅덩이	돌	진흙	몬지	모릭	것기쳔

暗溝 안쑤   속기쳔
地動 듸둥   디진
海嘯 히쑈   히쇼

第十五課　問人兄弟之事情

貴庚 쩨깅
무슨싱이시오닛가
我三十四了 워산시쓰라
나는셔른네살이올시다
你是排大不是 늬쓰퓌쩌부쓰
로형이맛이오닛가
有一個哥哥 유이거써써
형님한분잇슴니다
令兄有多少歲數兒了 링숑우뒤쌀세슈얼라
빅씨는년셰가몃치시오닛가

旱地 한듸   륙디
旱路 한루   륙로
礦窰 쾅양   礦山

我記得是三十八 워지더쓰싼시빠
내긔억호건틔셔른여덟이오
現在當何差使麽 쎈지당허체쓰마
지금무슨벼슬다니심닛가
海軍的大尉 히쥔듸따위
히군듸위올시다
在那兒 재나얼
어듸계시오닛가
在天津鎭守府哪 재톈진쩐슈부나
텬진진슈부에잇슴니다

써ㅆ쓰진넨쎄예마 閣下是今年畢業麼
로형은금년에졸업이오닛가

맛망텐커이쎄예 到明天可以畢業
리년되여야졸업이겟소

쎄예직혁희썅나-얼취마 畢業之後還上那兒去麼
졸업후에어듸로가시겟슴닛가

서ㅆ부ㅆ저이ㅋ와라마 閣下不是在醫科了麼
로형은의과가아니오닛가

打筭上德國去
덕국을가려홈니다

第十六課 理髮所

給我刮刮臉
나면도좀ㅎ여쥬시오

請坐這椅子上
청컨딍이교의에안즈시오

부ㅆ 워운궈라 不是 我文科了
아니오 나는문과올시다

쨘옌쥬슴마 專研究甚麼
무엇을젼문으로연구ㅎ심닛가

옌쥬동시양시나 研究東西洋史哪
동셔양사를연구홈니다

니커이쪼ㅆ슈부커이 你可以著書不可以
로형이글을져술ㅎ시겟지오

워다ㅆ만ㅅ얼디ㅺ... 我打筭慢慢兒的把硏究之結果公於世上
차ㅅ연구ㅎ결과를가져고셰상에드러니려고져홈니다

데ㅅ훼이둬다-꿍후너 得費多大工夫呢
시간이을마나듬닛가

데ㅅ훼이이커나 得費一刻哪
십오분이나들겟슴니다

(105)

워유지망킈우쓰빠쾌쾌듸쌰
我有急忙的事你給務須快快的刮
내가급흔일이잇스니아무조록쌜니싹거쥬시오

져얼예쓰쎼마
遵命了這兒也是刮麽
그리ᄒᆞ오리다여긔도싹그릿가

나얼부용꺄듸
那兒不用刮的
거긔는싹글것업슴니다

융하우ᄯᅩ바
用好胰子罷
죠흔비누를쓰시오

칭또져볜얼
請到這邊兒
쳥컨티이리오시오

아이뛰마렁쉬아
嗳、多麽冷水啊
어, 찬물이구려

第十七課　送書信

워유운화쉬쨔용바
若有溫和水就用罷
만일따듯흔물이잇거든쓰시오

쎄워샨쳰니
給我少錢呢
을마쯔리오릿가

쎄워이쟈쳰
給我一角錢
십젼만쥬시오

쎄니쩌거워쎄워
給你這個你找給我
이것을드리니로형이거스러쥬시오

좌니쥬쟈쳰
找你九角錢
당신게구십젼거슬러드림니다

짜이쪤
再見
또만납시다

쎼쎼랴에
謝謝老爺
고맙슴니다령감

키쉬에우융캐쉬마開水也有用開水洗麽
더운물도잇슴니다더운물로쎠스오릿가

您有信紙沒有 님위신직예매위
로혀게편지지가잇슴닛가
我有 워워
내게잇슴니다
給我幾張 셰워지장쥬시오
내게멧장쥬시오
有封套沒有 내게거싸쯔나추래쓰용바
봉투가잇슴니가
信皮也得有匣子裏了 셔지예데와쓰리라
봉투도갑속에잇슴니다
擱在那個匣子拿出來使用罷 그갑에너었스니,신러닌여쓰시오

這封信資三分錢可以行麼 재쟁신즈쌘첸커어생마
이편지갑이삼전이며가겟슴닛가
我想可以可是得量一量 워싱커이키쓰데량이량
내싱각에될듯ㅎ오한번다라봅시다
秤在這兒麼 쳥쟤져얼마
저울이여긔잇슴닛가
在那個地毯裏罷 쟈나거듸탄리바
그뒤요속에잇겠소
有四錢五分 위쓰첸우펀
잇슴니다너돈오푼이오
那麼三分不行得要六分錢 나마전쳰부싱데야요류펀쳰
그러면삼전이면안되겠소륙전이라야ㅎ겟소
旣那麼看我再添寫去罷 지나마져워재텐쎼취바
그위그러ㅎ면내더죰써셔보내겟소
再多添寫也是不要緊的 재뒤텐쎼예쓰부앞진지
더써느트라도관게치안슴니다

八月十三罷 새헤시싼바
팔월일사흘이오

第十八課　火輪船

船到了麽
촨다오마
비가발셔도착하엿슴닛가

到了好一會兒了
단라핫이회얼라
도착혼지흔동안되엿슴니다

甚麽時候兒到的
션마시훠얼단디
어느시에도착하엿슴닛가

晌午到的
샹우단디
오정에도착하엿슴니다

那是商船公司的船罷
나쓰샹촨몽쓰디촨바
그것은샹션회사빈이지오

不是郵船公司的罷
부쓰우찬쿵스듸바
아니오우션회사것이올시다

船名叫甚麽呢
촨밍쨘션마듸
일홈은무엇이오닛가

叫廣東號
쟌광둥핫
광동호라고부름니다

從洋海裏的罷
쎠양히리듸바
샹히셔오는것이오닛가

打上海來的罷
타샹하이라이디바
샹히셔오항셔오는것이오닛가

不是香港來的
부쓰썅항라이디
아니오힝항셔오는것이오

裝載甚麽貨來的
쟌저션마훠라이디
무숨물건을실은것이오닛가

裝載各樣的貨物來的
쟝자거양디훠우라이디
각식물건을실고왓슴니다

我的朋友搭這隻船來的
워듸펑우셔져지촨라이디
내친구가이배를타고왓슴니다

是廣東人哪還是這兒的啊
쓰광둥신나히쓰져얼디아
광둥사람이오닛가이곳사람이오닛가

是本地的人了 쎈듸의신라 본디방ㅅ사름이올시다

上月有事情到那兒去來着的 양웨우쓰칭단나얼취라이져듸 지난달에일이잇셔셔거긔갓다오는것이올시다

到碼頭上等着罷 따마터양덩져바 션창에가셔기다립시다

我也就去 워예쮸취 나도곳가겟소

請您先一步走罷 칭닌쎈이부쩌바 로형이한거름먼져가시오

就去 쮸취 곳가겟슴니다

第十九課 借家

這隔壁兒是空房麽 져꼐베얼쓰쿵빵마 이이웃집은공가오닛가

是、要賃出去的 쓰、얄신추ㅟ되 네셰쥬라고흠니다

是那兒的房子 쓰나얼듸빵쯔 어느편집이오닛가

是這兒的 쓰져얼듸 이펴집이올시다

有幾間呢 유지졘늬 몃간이나잇슴닛가

請上來罷 칭샹러이바 쳥컨듸올나오시오

沒甚麽不可以的 메선마부커이듸 무슨못할것이업슴니다

可以叫我們看麼 커이쟈워믄칸마 우리들에게뵈시겟슴닛가

有二間客廳
삼간긱쳥이잇슴니다

還有廚房、櫃房、堆房
부억과、협방과벽장이잇슴니다

多少房租
집세가올마오닛가

房租是按月六元
집세는미달륙원이올시다

蓆不舊點兒了麼
자리가좀더럽지안슴닛가

第二十課　久違相逢

少見少見、您上那兒去來着
오리잔만이구려、로형、어듸갓다가오셧슴닛가

久鄕下住來着
오리시골의다가왔슴니다

您住了、就趕緊換新的
만일로형이드시면곳서것과밧구오리다

那兒有井麼
거긔우물이잇슴닛가

井是沒有了、可是左近有
우물은업소웬편에

自來水方便些兒
이잇셔편홈니다

貴鄕是那兒
시골이어듸시오닛가

漢口市哪
한구시올시다

貴鄉是離江蘇近麽
쎄썅쓰리장수진마
귀향은강소가갓갑슴닛가

離江蘇遠哪
리장수웬나
강소가기가머름니다

可以火車通行麽
커이훠쳐퉁싱마
그차로둥어홈닛가

是不錯
쓰부취
네,그럿슴니다

第二十一課 (單語) 人文

男人　난신　남즈
娘兒們　냥얼믄　녀인들
姑娘　구냥　식각시
小孩兒　쌰오하이얼　사환(하인)

前年在江蘇一塊兒聚會的那位張兄您還知道麽
쳰녠자장수이콰얼취회의나위쟝슝닌하이지다오마
전년에강소에셔한가지맛낫든그장셔방을아시겟슴닛가

知道是知道了,可這四五年總沒見他
지다오쓰지다오라,커져쓰우녠중메젼타
알기는알지만은이사오년은도모지못보앗슴니다

他昨兒忽然的我來了
타줘얼후산되쟈워라이라
제가어계홀연나를차져왓슴니다

是上您那兒去的麽
쓰썅닌나얼취의마
이로헝곳으로갓슴닛가

是
쓰
네

年輕的 넨친되 　　　　　젊은 스룸
父母(雙親) 뿌무쌍친 　 부모
母親(媽々) 무친마마 　 모친
祖母(奶々) 주뮈내내 　 조모
婦女(女子) 뿍뉘뉘즈 　 부녀
丫頭 야터 　　　　　　 수환(하녀)
老頭兒(年老的) 란터얼 녠란되 　 로인
父親(爹々) 뿍친 데데 　 부친
兒子 얼즈 　　　　　　 아달
孫子 순즈 　　　　　　 숀즈
孫兒女 순뉘얼 　　　　 손녀
弟兄 디슝 　　　　　　 형뎨

兄弟 슝디 　　　　　　 동싱
哥哥 꺼꺼 　　　　　　 형
姐姐 졔졔 　　　　　　 맛누의
妹妹 메메 　　　　　　 손아릭누의
叔伯弟兄 수빅디슝 　　 종형뎨
大爺 따예 　　　　　　 아자비
叔叔 수수 　　　　　　 빅부
姪兒 직얼 　　　　　　 족하
丈夫(男人) 장뿍 난인 　 남편
令尊 링쥰 　　　　　　 稱人父 츈부쟝
令堂,老太太 링탕 란태태 　 稱人母 자칭
夫人(太太) 뿍인 태태 　 부인

如夫人	첩
姑姑(嬤子)	빅숙모
媳婦兒	안히 (妻)
親戚	친쳑
朋友	친구
皇帝(萬歲爺)	황뎨
皇后(娘娘)	황후
皇太后	황틱후
皇太子	황틱즈
親王(王爺)	친왕
中堂	대신
民人	빅셩

大夫	의원
和尙	즁
敎習	교사
巡警	슌사
先生	션싱
學生	학싱
唱戲的	연극쟈
經紀	즁키인
夥計	동사
訟師	변호사
店東	뎜쥬
强盜	강도

匠人 장신
掌櫃的 장궤되 장지인(掌財人)
買賣的 매미되 영업인(營業人)
東家(主人) 동쟈주신 쥬인(主人)
苦力(挑夫) 쿠리 토약 삭군
百姓 뻬싱 人民

書辦 슈뺀 셔긔
徒弟 후되 제즈
房東 빵둥 호쥬(戶主)
雇工 꾸꿍 고공
車夫 쳐후 차부
花子 화쯔 걸인(乞人)

第二十二課 開店後求番頭

我有件求您的事情來了
워 유 젠 치우 닌 디 쓰칭 라이 리라
내가로형게쳥구힐일이잇셔왓슴니다

甚麽事呢
션마쓰나
무슴일이오닛가

我要在本地開個舖子
워 야오 제 번 듸 캐 거 푸쯔
내가이곳에뎜하나를얼고져흠니다

您要開甚麽舖子
닌 야오 캐 션마 푸쯔
로형이무슴상뎜을열녀하시오

打筭專賣敝國的雜貨
따 쏸 좐 미 뻬궈 디 자훠
내나라잡화를젼민하려계산흠니다

我要番頭一位掌櫃的
워 야오 판터우 이 웨이 장궤되
내가번두한분을쳥코져하오

就找那個人麼
그 사름을 차지심닛가

那笋甚麼事我給趕緊的我一找
그것은 쉬운 일이오 내 쌀니 한번 차지오리다

請求
쳥구함니다

打算多曢開
은제 쯤 열겟슴닛가

打算到本月底要開
이 달월 쏭 쯤 열고져 함니다

定了甚麼地方見了
어느 곳으로 졍하셧슴닛가

第二十三課 回國

我要回國
나는 본국으로 도라가겟소

多曢回去
은졔 도라가심닛가

（115）

這兩三天內要動身
쩌량싼뎬내얜씅쎈
이삼일안에떠나려홉니다

爲甚麼事回國呢
웨선마쓰회궈니
무슨일로회국홀심닛가

我出鄉以來旣有十年多了、可一回也沒回鄉去、這回是要叔久情去哪
워추썅이라이지유시녠둬랴커이회예메회썅취、져회쓰야슈쥐칭취나
내가고향떠나온지벌셔십여년이것마는한번도귀국호지못호고로이번은구졍(久情)을푸러감니다

打筭多嗜再到此地來呢
따쏸둬짠재따오츠띄라이니
계다시이곳에오시겟슴닛가

如還不定是多嗜來
우환뿌뒹쓰둬잔라이
슈진히부뒹되여쓰다시지금갓셔는우졔올지알슈업소

怎麼呢
전마니
웃지홀야그러슴닛가

因爲到那兒回去有一點兒事情呢
인웨따나얼회취유이뎬얼쓰칭니
그리도라가면한가지일이잇셔그럿슴니다

打筭立甚麼事呢
따쏸리선마쓰니
무슨일을경영호심닛가

我想大槪在那兒押股份設立一個公司的
워썅따까이재나얼야꾸풘셜리이거궁스되
내싱각에대기거긔셔고본을모와셔한회스를셰우려홉니다

是甚麼公司哪
쓰션마궁스나
무슨회스오닛가

是刷印公司
쓰솨인궁스
인쇄소올시다

資本是多嗜
즈뻔쓰둬잔
자본은얼마오닛가

打筭要招十萬元的股子
따쏸야쨔시완웬듸구즈
십만원의자본을모흐려홉니다

多少元이一股한고 본이올시다

定規的是五十元一股이한고올시다

刷印這個事情想必是大利麼
인쇄의일이아마터리가되지오

可是慢慢兒的見好
차차우조흘줄암니다

那麼,您就盡力着從事能
그러면로형은진력호야죵스호시오

第二十四課　演說會

昨天的演說會你去過沒有
어제연설회에로형가섯슴닛가아니가

昨兒我上公園去來着可不知閣下去了沒有
어저께장형과공원에갓다가왓소、아지못호오나로형은가섯슴닛가

我是聽了差不多兩點鍾
나는두시잔쯤듯고왓슴니다

盛會了麼
성회이엿슴닛가

有一千個多人的來會者
일천명이나넘는회원이엿슴니다

有怎麼個演說
무슨연설이잇섯슴닛가

都是學術上的演說了
도시학슐상연셜이엿슴니다

第二十五課　視察著書

由幾點鍾開的
멧시부터키회ᄒᆞ엿슴닛가

打下午五點鍾開哪
하오다섯시부터키회ᄒᆞ엿슴니다

您去的是甚麽時候兒了
로형가시기는멧시엿슴닛가

我是正點鍾去七點鍾回來了
나는다섯시에갓다가일곱시에도라왓슴니다

我、也是要去看實可惜了兒的
나도가셔볼것인듸, 참졀동ᄒᆞ엿슴니다

一向好啊
그동안일안호시오닛가

托福托福
덕틱이올시다

您起身的時候兒連送也不送實在是短
권치션듸시ᄒᆞᆯ얼텐등예부등시져ᄯᅡᆫ

禮得很
레덕흔

那兒的話哪、我倒是短過去請安實在是
그곳의후가웃더합듸사

對不起您納
나얼의시링젼마양

天萬兒的話說
천만에말슴이오, 내가져조만호야셔춤

히져나실여

和這兒沒甚麽差的
이곳과별로틀니지안슴듸다

로형떠나실쎄에젼송도못호야미우실
례ᄒᆞ엿슴니다

만약간단되라마 둘 다 보았죠 왔습니
滿都看到底了麼 다 맞죠고 왔습
와견이시찰을맛쵸엇슴닛가 니가
還不十分了可是大槪達其意了 過獎過獎我願意給世上人供給幾分之
히부능시앤라키쓰셔키치 過獎過獎我願意給世上人供給幾分之
히부능시앤라키쓰셔키치이라 材料就是我의外的幸福啊
다커는다맛쵸고왓슴 材料就是我의外的幸福啊
니가 얼마간침고지료가되면이것이곳나의
사칸의제궈쓰쇼슈바 滿外(望外)의행복이지오
您査看的結果是著罷 너무자랑호시오내원호기는세인에게
로형이찰호신결과는글지으시려흠 明兒下半天若是有閑工夫請您必要到
심이오닛가 敝舍來一盪
부에얏게제굴위시왕 밍얼씨쌘텐워쓰여우셴궁워칭닌비야우따우
이마쌰으라이양
不必要把我的愚見公於世上 릭오후에만일한가호시거든부티내
곳어리역은소견을가져셰상에보히려 집에한번놀너오시오
흠니다 일이덩왕칸취나
給一般世上的人與非常的利益罷 一定望看您去哪
세이쌘시앙디의런위챵의리이바 반다시로형차져뵙기를바라오
이반셔상사람에게비상호리익을쥬시 이떵왕칸닌취
겟소 第二十六課 休暇上山
歇伏在那兒來着
셔쥬휴가(夏中休暇)에는어듸갓다가오 到鄕下探集草木去來着
셧슴닛가 단썅쌰처지챤무취티져
시골가셔셔식물치집(植物採集)호고왓
슴니다

採集草木是有趣兒的罷
식물치집은 滋味가 잇지오

可以得非常的新智識
미우리성부애 新智識을 웃슴니다

你愛旅行不愛
늬애리성부애 旅行을 조워호심닛가

我很愛旅行
나는 旅行을 미우조와호오

今年에로형이 金剛山에올나가셧슴닛가
今年你上金剛山去了麽

我내가 金剛山에올나가셔 한번구경호
엿슴니다
是、我上金剛山去、着過一盪

몟사룸이올나가셧슴닛가
是幾個人上的

열사람이 올나갓슴니다
十個人上了

山頂很冷了麽
산쪽닥이 가미우치움듸가

是、非常的冷、打人戰兒
네、미우칩듸다、썰납듸다

有雪了麽
눈이잇습듸까

有、雪是輕年不化的
잇슴니다、눈은 一年내녹지안슴니다

高有多少尺
놉히가멧자오닛가

說是七八千尺多
만키를 七八千尺이나된다호오

我也是非年一定要上
나도 明年에는 쏙한번올나가려호오

上一回也可以
한번올나가는것이좃슴니다

이거신 쉬부랴마 一個人、去不了麼

혼자는못올나감닛가

이거신돤되부녕향、쉬쓰늬양、쉬예지 一個人到底不能上、若是你上、我也再上一盪罷

혼자는도져히못올나가오、만일가시랴면나도두번올나가겟소

第二十七課　買貨去

나뗀양나얼쮜티 那天上那兒去了

前日은어듸가셧슴닛가

똬난징민휘쮜티저 到南京買貨去來着

남경가셔물건사가지고왓슴니다

니이거신쉬듸라마 您一個人去的了麼

로형혼자가셧슴닛가

대저이거워지쉬라 帶着一個夥計去了

동사한사름더리고갓슴니다

나마저홛지라 那麼着好極了

그러면닌우좃슴니다

똬션마듸뺭쮜라 到甚麼地方去了

어느地方으로가셧슴닛가

똬진링나거듸뺭쮜라 到金陵那個地方去了

金陵그편으로갓슴니다

쮜쳐쓰듸라마 坐車走的了麼

車타고가셧슴닛가

부쓰,부싱라적듸라 不是,步行了走的了

아니오步行으로갓슴니다

買的貨수帶來了麽
마듸휘찬대래라마
사신물건은다가지고오셧슴닛가

不是,那都是利牙行定規到這兒哪
부쓰,나쒸쇠히야싱딍꿰따저얼나
아니오그것은,運送店에부탁ᄒᆞ고,이리와슴니다

意是在這兒賣的貨麼
이쓰재저얼마이듸휘머
모다여긔셔팔물건이오닛가

在這兒賣的貨一個也沒有
재저얼마이듸휘이거예메위
여긔셔팔물건은하나도업슴니다

第二十八課　身體部

心　신　마음
臉上　롄썅　얼골
腦子　노쯔　골
眼睛　녠징　눈

都得包好了貨再送到日本的哪
떠데빤화라훠재숭따시쎈듸나
모다짐을묵거셔,다시,日本으로보낼거이오

這回悠賺錢了罷
저회뉜쟌쳰라바
이번에로형은利益이남엇지오

沒甚麽
메션마
무엇업슴니다(別無多得之意)

眼球兒　녠취얼　눈동ᄌᆞ
嘴唇兒　쮀춘얼　닙술
槽牙　찬야　억음니
身子　션쯔　몸

— (122) —

手背숀등	嗓子목	耳朶귀	얼골	牙花야화	垢쩌	舌頭셔두	牙齒야치	嘴웨	眉毛메모	鼻子새쭈	頭髮터빠	腦袋노대
손등	목	귀	니얼花	쎠	혀	니	입	눈셥	코	터럭	頭骨

眼淚옌레	却찬얼	尿피股쑤	腰앞	腎쓔頭터	拳찬頭터	指직甲자	骨수節졔兒얼	手쭈	髯후子쯔	指직頭터	胳세臂삐
눈물	발기	불리	허리	가삼	주먹	손톱	골졀	손	슈염	손가락	팔둑

(123)

鼻涕 새킈	코물	麻子 마쯔	곰보
咳嗽 커써	히소	病 삥	병
唾 퉈 沫 머	춤	頭疼 터텅	두통
痰 탄	담	感冒(着凉) 깐만 쟌량	감긔
啞吧 야바	벙어리	疙瘩 써다	종긔
聾子 룽쯔	귀먹어리	膿血 눙쎼	고롬피
瞎子 쌰쯔	장님	發燒 빠쌰	발열
皮膚 피약	피부	出汗 추한	땀汗
骨頭 꾸터	뼈	發抖 빠떠	寒戰
肚子 두쯔	비	胖 팡	肥
駝背 퉈쎄	곱사등이	瘦 쎠우	瘦
瘸子 췌쯔	절눔바리	打膈兒 따써얼	딸곡질

第二十九課　作歌作詩

녜께서부쳐
您作敬不作
로형이 歌曲을짓심닛가
짓기는짓지마는잘은못지오
作시부쳐 作詩不作
詩는짓심닛가
쥐시부쳐
唐詩選을가지셧슴닛가
위당시센메위 有唐詩選沒有
잇슴니다
右哪
韻짜달줄도모름니다
連押韻都不曉得
뒌야원부부쌰더

나리퇴워혼화 뙤시라바
그속에미우조흔시가잇지오
那裏頭有很好的詩了罷
한의희잉운합애나거늬
好的不少
조흔것이적지안슴니다
漢文과英文은어느것을조와 심닛가
漢文和英文愛那個呢
워애나거쒝애
나는어느것이든지다조워호오
我是邦個都愛
시운쓰젼마거양쯔의
時文은엇더혼것을말흠이 닛가
時文是說怎麼個樣子的
오스쒀쩐마거양쯔의
現在的新聞紙上用之文章是說時文哪
센지듸신운즉양쓰쎠시운 나
지금新聞上에쓰는文章을時文이라홈니다

第三十課　復習

您知道不知道
今兒個是幾兒了
賺了錢了
丟了麼

路上遇見了
必定來
那是寃枉罷
你是排大不是
秤在這兒麼
多少房租
打筭多喒開
由幾點鍾開的
歇伏在那兒來着
事情都了然了麼
差使忙不忙

沒一個中意的
隨您便
有極新鮮的
得費一刻哪
搭哪個船來
是不錯
資本是多少
托福托福
到甚麽地方去了
連押韻都下曉得

以上三十課中第七課마다名詞를挿入하고其外는皆對話로問答하야每日一課式習得케하고第三十課는以上諸課中一二語를抄出하야複習케하엿스니讀者는必히此順序를遵行할지어다 (課名은言語가一理로出하는時는總括하야別로一名을付하고混合問答에는課中第一行中字를取하야課名을作함)

速修漢語自通 終

附錄

像伙部　名詞

漢語	音	한글
桌子	쥐쯔	탁즈
飯桌子	앤쥐쯔	식탁즈
椅子	이즈	의즈
橙子	썽즈	등상
脚踏子	쟌타즈	발판
地毯	디탄	담요
席	시	자리
鎖	쒀	좀을쇠
鑰匙	야안싀	열쇠
團扇	탄샨	團扇
扇子	얀쯔	扇子
眼鏡	엔징	眼鏡
帳子	장즈	帳幕
簾子	렌즈	발
鍾	중	掛鍾
表	뱌	時表
表鏈子	뱌렌즈	時表줄
表鑰子	뱌야즈	時表열쇠
定南針	딩난젼	指南鐵
寒暑表	한수뱌	寒暖計
硯臺	옌티	베루

(127)

漢字	한글음
硯匣	엔씨머히얼
墨盒兒	머히얼
紙	직
格兒紙	씨얼
筆	새
鋼筆	쌍새
石盤	씨얼판
石筆	씨얼새
鉛筆	쳰새
墨	머
畵	화
油畵	유화

硯匣
墨盒
紙
印札紙
筆
鈆筆
石盤
石筆
鉛筆
墨
畵
油畵

漢字	한글음
圖書	투수
印色	인씨
信紙	신직
封套	뺑한치
火漆	훠치
硯水壺	옌쉬썅후
水缸	쉬강
壓紙	야직
洋爐子	양루쯔
煤	메
柴火	차훠
炭	탄

圖書
印色
片紙
封套紙
封蠟
硯滴
水瓮
壓紙
煖爐
石炭
火木
木炭

— (128) —

杓와 匙의 筷쾌 碟데 盤판 海히 飯밴 鐉찬 飯밴 火금 火휘 洋양
子즈 子즈 子즈 子즈 子즈 碗완 碗완 子즈 鍋꿔 筷쾌 盆펀 油유
　　　　　　　　　　　　　　子즈

사 匙 箸 접 소 大 飯 火 釜 火 火 石
시 　 　 시 반 碗 碗 鏟 　 箸 爐 油

茶차 珈까 茶차 碗완 水쉬 酒쥬 茶차 銅퉁 茶차 刀딸 七치 鎜차
托퇴 琲페 碗완 　　 盂웨 瓶펑 盅쭝 吊댜 壺후 子즈 星싱 子즈
　　 茶차 　　 　　 　　 　　 　　 子즈 　　 　　 鑵광 　　
　　 碗완 　　 　　 　　 　　 　　 　　 　　 　　 兒얼 　　

茶 珈 茶 砂 곱 酒 차 燙 茶 刀 약 肉
托 琲 碗 鉢 부 瓶 종 水 鑵 子 병 插
　 茶 　 　 　 　 　 鑵 　 　 　 　
　 碗

燈명 蠟라 燈등 擺잔 手슈 擤코 筈달 弔달 木무 橄돤 菜셔 盆판
籠롱 火훠 布부 巾진 子즈 簪적 桶츙 桶훙 子즈 刀댜

燈　蠟　燈　걸　手　몬　비　釣　桶　도　식　盆
籠　　　火　네　巾　지　　　瓶　　　마　刀
　　　　　　　　　떠
　　　　　　　　　리
　　　　　　　　　기

臉렌 磨머 剃튀 剪젠 小쌰 蚊원 燈뎡 煤메 電뎐 自즈 洋양 蠟라
盆펀 刀댜 頭투 子즈 刀댜 帳쟝 罩쟐 氣치 氣치 來릐 燈뎡 燈뎡
　　 石얼 刀댜 　　 　　 　　 兒얼 燈뎡 燈뎡 火훠
　　　　　　　　　　　　　　　　　　　　　　 （洋양
　　　　　　　　　　　　　　　　　　　　　　 火훠）

듸　수　理　가　囊　蚊　燈　瓦　電　洋　람　燭
야　돌　髮　위　刀　帳　皮　斯　氣　黃　푸　臺
　　　　刀　　　　　　　　　燈　燈

胰子 이즈 — 비누
刷牙 쏴야 — 니솔
刷牙散 쏴야싼 — 磨齒粉
牙籤兒 야쳰얼 — 니쑤시개
牀布 촹부 — 평상
台蓋 티세 — 床狱
鋪子 푸우 — 니부자리
褥子 루우 — 요
枕頭 쳔터 — 베기
包袱 빠복 — 보
口袋 커우셔 — 보퉈
鏡子 징즈 — 거울

攬子(笓子) 룽즈 — 眞梳
木梳 무쭈 — 얼어빗
刷子 쏴즈 — 솔
尺頭 츠터 — 尺
秤子 쳥즈 — 결
斗 더우 — 斗
匣子 싸즈 — 箱子
激筒 지퉁 — 무지위

衣裳部 이쌍부

裌子 쟈즈 — 上衣
外褂子 왜쇄즈 — 두루마기
馬褂子 마쇄즈 — 마과즈

摺紋 저원	砍肩兒(背心) 칸젼얼(쎄신)	褂子 쿠울
汗褟兒 한타일	襪子 와울	領子 링즈
領帶 링떼	帽子 맡즈	靴子 쎄즈
鞋子 쎼울	手套 쑈울	手帕子 쑈파즈

쥬룸 족기 바지 쌈박기 버션 옷깃 동정 모자 쉐즈 신 掌甲 手巾

鉗子 쳰즈	戒指兒 제직얼	繼子 퇴즈
針 젼	線 쎈	絲線 쓰쎈
頂針兒 딩젼얼	烟荷包 옌하빠	烟捲兒 옌쥰얼
盒子 허즈	兜兒 뚜얼	袖子 쑈즈
鈕子 뉴즈		

耳環 반지 신 바늘 실 명주실 골무 쌈지 捲烟匣 冊囊 소디 단초

鈕子眼兒 飲食部 (뉴ᄌ엔얼 인쒸부)		단초구멍
早飯 (짜얜)		朝飯
晌飯 (샹얜)		午飯
晚飯 (완얜)		夕飯
麵包 (멘빤)		麵包
點心 (뎬신)		菓子
飯 (빤)		飯
牛肉 (누쒸)		牛肉
羊肉 (양쒸)		羊肉
鷄肉 (지쒸)		鷄肉
猪肉 (주쒸)		猪肉

魚 (위)		魚
喝的東西 (허디뚱시)		마실것
開水 (개쒀)		끓는물
茶 (차)		茶
酒 (쥬)		酒
三便酒 (싼펜쥬)		三便酒
紅酒 (홍쥬)		葡萄酒
麥酒(皮酒) (미쥬/피쥬)		麥酒
黃酒 (황쥬)		약酒
荷蘭水 (허란쉬)		나무네
鷄蛋 (지딴)		鷄卵
牛仍 (누너)		牛乳

(133)

黃油 항유
醬油 쟝유
醋 ㅊ
白糖 셰탕
白壇 비뉀
胡椒麵兒 후쟌몐얼
芥末 졔머
麵 몐
掛麵 쏴몐
菜穀部 쳇우부
米 미
糯米 수미

까다
淸醬
醋
雪糖
소금
胡椒末
芥子末
국슈(或 가루)
素麵
米 찹살
찹살

粳米 징미
麥子 미즈
小米 싼미
黍子 슈즈
玉米 위미
豆 뚝
紅豆 홍뇨
豌豆 완뚝
蘿蔔 뤄뿌쎄
紅蘿蔔 홍뤄쎄뿌
葱 엉
茄子 쳐즈

몌살
보리
粟
슈슈
옥슈슈(或 가나닝이)
콩
팟
몸부
무
紅무
파
가지

黃瓜 황과
山藥 산약
牛蒡 누방
白薯 비주 (地瓜)
芋頭 위두
蘑菇 머우
姜 쟝
靑椒 칭쟈
辣椒 라쟈
蒜菜 싼에 (蒜頭)
芹菜 친에
白菜 비에

의 마 牛蒡 감ㅈ 土蓮 버섯 薑 풋고초 고초 마날 미나리 白菜

狐狸 후리
狗熊 꿔웅
老虎 랄후
象 썅즈
獅子 씌즈
走獸部 떡썩부
藕蔴 우마
芝蔴 직마
倭瓜 워꽈
甛瓜 텐꽈
西瓜 시꽈

소 여호 곰 범 코기리 獅子 蓮根 참세 호박 참외 슈박

(135)

羊양 綿멘 山쌴 駱뤌 騾뤌 驢뤌 馬마 野예 猪주 小쌰 母무 公웅
羔얼 羊양 羊양 駝워 子쯔   猪주   牛뉴 牛뉴 牛뉴
兒얼

兒 綿 山 駱 騾 驢 馬 山 豕 犢 암 수
羊 羊 羊 駝   豕   소 소

仙쎈   尾이 鯨칭 海히 獵레 耗핟 狗쒀 狼랑 野예 猫만 猴허
鶴허   巴새 魚위 獺라 犬촨 子쯔   猫만   兒얼
      飛페   (狗) (老
      禽친   鼠)
      部부

鶴   꼬 고 水 산 쥐 이 토 猫 원
      리 리 獺 양   리 기   숭
              이   이

(136)

孔雀 쿵챤　　孔雀
老鵰 랍댜오　　鷲
鷹 잉　　　　미
家雀兒 쟈챤얼　雅
雁子 옌즈　　　참새
燕子 옌즈　　　雁子
鸚哥 잉거　　　鸚鵡
夜猫子 예맏즈　올빰미
野鷄 예지　　　雄
鴿子 써즈　　　비들긔
鴨子 야즈　　　오리

鵝 어야　　　　거위
家鴨子 쟈야즈　집오리
鳶鳥 옌뇨　　　鳶
鳳凰 앵황　　　鳳凰
火鷄 훠지　　　七面鳥
小鷄 쌰지　　　軟鷄
公鷄 꽁지　　　雄鷄
母鷄 무지　　　雌鷄
小鷄子兒 쌰지즈얼　鷄卵
喜鵲 시챡　　　鵲
杜鵑 뚜젠　　　杜鵑
雲鴈 원옌　　　雲雀

(137)

駝鳥 뒤낙 駝鳥
黃鶯 황잉 黃鶯
翅膀兒 위맛 뼝얼 날개쥭지
羽毛 위막 羽

魚介部 위제부
金魚 진위 金鮒魚
海鯊魚 해따위 鯊魚
鮫魚 쟛위 鮫魚
鱘魚 민위 민어
撒蒙魚 싸믕위 고동어
大頭魚(海鯽魚) 따턱위 해지위 도미
鯉魚 리위 鯉魚

鯽魚 지위 鯽魚
比目魚 쎄무위 比目魚
烏龜(金龜) 우쎄 진꾀 거북
甲魚 자위 자라
章魚 쟝위 章魚
烏賊魚 우쩨위 오격어
螃蟹 팡셰 게
龍蝦 룽샤 大蝦

蟲子部 층쯔부
蠻 얀 뉘에
蝴蝶兒 후데얼 나비
螞蜂 마얭 벌

蛤ᄒ 蝸과 臭쳐 蛇쎠 虱씌 蚊원 蒼창 長창 虫훠 蜘직 螞마 蜜매
蟆머 牛누 虫츙 蛋짤 子즈 子즈 蠅잉 虫츙 蛛쥬 蟻이 蜂엉
　　　　　　　　　　　兒얼

개 蝸 빈 베 니 모 파 蛇 거 기 굴
고 牛 디 룩 긔 긔 리 火 미 미 벌
리　　　　　　　螢

芽야 樹쥬 野예 水워 樹쥬 植직　　蜈우 蛐쳐 蛆쳐 蠍셔
幹간 草찬 草찬 草찬 木무 物우　　蚣웅 蟮얀　　兒얼
　　　　　　　　　　草찬
　　　　　　　　　　木무
　　　　　　　　　　部부

싹 樹 野 水 樹 植　　잔 蚯 구 蟋蟀
　 枝 草 草 木 物　　네 蚓 더
　　　　　　　　　　　　기

| 葉에 | 樹쑤 | 花화 | 椹 젼 | 松 숑 | 梅 메 | 櫻 잉 | 杉 앗 | 扁 쎄 | 檀 탄 | 梧 우 | 桑 쌍 |
| 子 으 | 根 쓴 | 兒 얼 | 兒 얼 | 樹 쑤 | 樹 쑤 | 樹 쑤 | 木 무 | 樹 쑤 | 木 무 | 桐 퉁 | 樹 쑤 |

| 입사 | 木根 | 花 | 寶 | 松 | 梅 | 櫻桃 | 杉 | 檜木 | 향나무 | 梧桐 | 桑 |

桃 탄	柳 루	梨 리	槐 회	海 히	躑 데	蘭 른	藤 텅	牡 무	菊 쥐	荷 허	白 비
樹 쑤	樹 쑤	子 쯔	樹 쑤	棠 탕	躅 쥬	花 화	蘿 라	丹 도	花 화	허	果 궈
								花 화			樹 쑤

| 桃 | 柳 | 비 | 槐 | 海棠 | 躑躅花 | 蘭花 | 藤 | 牡丹 | 菊花 | 蓮 | 銀杏 |

楓樹 핑쥬 蘋果 핑게 芍藥 샥약 芭蕉 빠쟈오 橘子果 쥐으꿔 無花果 우화꿔 栗子 리으 柘榴 쩌려우 桂花 꿰화 棗兒 짤얼 葚子 션즈 李子 리즈

楓 沙果 芍藥 芭蕉 유즈 無花果 밤 石榴 桂花 大棗 미옴 오얏

胡桃 후탄 竹子 쥬쯔 蘆葦 루웨이 葡萄 푸타오 杏兒 싱얼 十姉妹 스제메 菖蒲 창푸 水仙 쉐이선 百合 배허 蕨菜 줴채 人參 신션

金石部 진석부

胡桃 竹 갈대 葡萄 杏 石竹花 菖蒲 水仙花 百合 고사리 人蔘

金진   銀인   銅퉁   鐵에   銅퉁   黃강   紫추   白셰   錫시   鉛첸   水쉬   黑희
            銀   鐵테   텡   銅룽   銅퉁   銅텽   라   鑛   銀인   鉛첸
                                      (紅홍
                                       銅퉁)

金   銀   銅   鐵   銅   黃   赤   白   含   鉛   水   黑
                  鐵   銅   銅   銅   錫   銀   鉛

金진(銀인)葉느   吸시   硫류   玻쎄   寶맛   金진   水엿   眞쎤   瑪마   珀후   大스
                鐵테   黃황   璃리   玉위   剛강   晶징   珠쥬   瑙노   琥쎄   理리
                石의   石의   石

金(銀)箔   磁石   石硫黃   琉璃   寶玉   金剛石   水晶   眞珠   瑪瑙   琥珀   大理石

速修漢語自通附錄

雲石 운여

花崗石

珊瑚 싼후

珊瑚

大正四年七月五日　初版發行
大正十一年十二月一日　三版印刷
大正十一年十二月五日　三版發行

不許複製

諺語自邇 一
定價金六十錢

著作者　京城府寬勳洞七二番地　南宮楔
發行者　京城府公平洞五五番地　沈禹澤
印刷者　京城府公平洞五五番地　沈禹澤
印刷所　京城府堅志洞六十番地　大東印刷株式會社
發行所　京城府堅志洞六十番地　朝鮮圖書株式會社
發賣所　京城府鍾路二丁目八二　博文書館
振替京城二〇二三

"早期北京話珍本典籍校釋與研究"
叢書總目錄

早期北京話珍稀文獻集成

（一）日本北京話教科書匯編

《燕京婦語》等八種　　　　　　四聲聯珠
華語跬步　　　　　　　　　　　官話指南·改訂官話指南
亞細亞言語集　　　　　　　　　京華事略·北京紀聞
北京風土編·北京事情·北京風俗問答
伊蘇普喻言·今古奇觀·搜奇新編

（二）朝鮮日據時期漢語會話書匯編

改正增補漢語獨學　　　　　　　修正獨習漢語指南
高等官話華語精選　　　　　　　官話華語教範
速修漢語自通　　　　　　　　　無先生速修中國語自通
速修漢語大成　　　　　　　　　官話標準：短期速修中國語自通
中語大全　　　　　　　　　　　"內鮮滿"最速成中國語自通

（三）西人北京話教科書匯編

尋津錄　　　　　　　　　　　　北京話語音讀本
語言自邇集　　　　　　　　　　語言自邇集（第二版）
官話類編　　　　　　　　　　　言語聲片
華語入門　　　　　　　　　　　華英文義津逮
漢英北京官話詞彙　　　　　　　北京官話：漢語初階
漢語口語初級讀本·北京兒歌

（四）清代滿漢合璧文獻萃編

清文啓蒙　　　　　　　　　清話問答四十條
一百條・清語易言　　　　　清文指要
續編兼漢清文指要　　　　　庸言知旨
滿漢成語對待　　　　　　　清文接字・字法舉一歌
重刻清文虛字指南編

（五）清代官話正音文獻
正音撮要　　　　　　　　　正音咀華

（六）十全福

（七）清末民初京味兒小說書系
新鮮滋味　　　　　　　　　過新年
小額　　　　　　　　　　　北京
春阿氏　　　　　　　　　　花鞋成老
評講聊齋　　　　　　　　　講演聊齋

（八）清末民初京味兒時評書系
益世餘譚——民國初年北京生活百態
益世餘墨——民國初年北京生活百態

早期北京話研究書系

早期北京話語法研究
早期北京話語法演變專題研究
早期北京話語氣詞研究
晚清民國時期南北官話語法差異研究
基於清後期至民國初期北京話文獻語料的個案研究
高本漢《北京話語音讀本》整理與研究
北京話語音演變研究
文化語言學視域下的北京地名研究
語言自邇集——19世紀中期的北京話（第二版）
清末民初北京話語詞彙釋